DER *Dichter und Denker* STADTPLAN

EDDA UND MICHAEL
NEUMANN-ADRIAN

LITERARISCHES MÜNCHEN

Dichter, Literaten und Philosophen
■ Wohnorte,
Wirken und Werke

Dass ich in München geboren bin
Das dank ich dem günstigsten Sterne
Ich gehe auch nirgends anderswohin
Wer Münchner ist, bleibt es auch gerne.

EUGEN ROTH

MÜNCHEN LITERARISCH

Unter den Dächern, hinter den Mauern lebt und glüht die Erinnerung. Da „wandern noch die Geister", wie von Stefan George vor hundert Jahren in seinem strengen München-Vers beschworen. *Imagine!* heißt der Appell an die Phantasie, jetzt und hier. Also absehen von Fastfood-Reklamen und lärmigem Autoblech, zugehen auf die Lebensorte und oft so hochdramatischen Lebensgeschichten der Münchner Autoren! Echte, gebürtige Münchner waren freilich die wenigsten, die von Schwabing bis Nymphenburg, vom Lehel bis Bogenhausen schrieben und dichteten. Die meisten wurden angezogen vom Süd-Magneten München, blieben für einige Jahre oder wurden bekennende Wahl-Münchner.

135 Namen versammeln sich auf diesen Seiten, vom „Traumstadt-Bürgermeister" Peter Paul Althaus bis zum wortmächtigen, hochgelehrten Karl Wolfskehl. Leicht noch einmal so viele kann man als fehlend reklamieren? Richtig. Doch wollen wir den Datenschutz der lebenden Autoren respektieren. Und diese Spurensuche will auch nicht zu jedem führen, der einmal ein Plätzchen in der Literaturgeschichte erobert hat – oder nur zu einem Kurzaufenthalt nach München kam. Dies schon aus praktischen Gründen: wie unheimlich groß müsste da der Stadtplan geraten, der all die Adressen aufnehmen sollte! Schriftsteller hält es oft nicht lange an einem Lebensort, allein schon der „Geldkomplex" (ein Buchtitel der „Schwabinger Gräfin" Franziska zu Reventlow) hat oft zu raschem Wechsel der Wohnungen und Pensionszimmer motiviert. Extremes Beispiel: die vom Leben herumgestoßene Lena Christ, mit ihren nachgewiesenen 20 Münchner Adressen.

Von anderen haben wir und unsere Spurensucher-Vorgänger keine einzige Adresse mehr aufstöbern können. Kundige Leser, die Lücken aufzufüllen wüssten, bitten wir um freundliche Nachsicht und Nachricht. Wie auch unsere Autoren-Kurzporträts vor allem Lust auf eigene, intensivere Begegnungen machen wollen. Wer in München lebt, findet nahezu sämtliche Werke, Brief- und Tagebuchausgaben der Münchner Autoren rasch zur Hand in der hochverdienstlichen Monacensia-Bibliothek, über dem rechten Isarufer im schönen Hildebrandthaus.

Andere Städte haben ihre Literaturmuseen, ein Museum für Thomas Mann, der mehr als die Hälfte seines Schriftstellerlebens in München zu Hause war, steht in Lübeck. Das Museum für den Augsburger Brecht, der in München seine ersten Stücke schrieb und den Start zur Theaterkarriere probte, steht in Berlin. Endlich bekam vor einigen Jahren München sein Literaturhaus, das ist aktiv mit Lesungen, Ausstellungen, Buchpräsentationen.

Auch das Valentin-Musäum im Isartorturm ist kein Literaturmuseum, sondern ein Sammelsurium bizarrer Erfindungen seines wunderbaren Namensgebers.

WER SICH AUF DEN WEG MACHT zu den literarischen Streifzügen unserer Karte, entdeckt vielleicht: München braucht man nicht anzustiften zu einem Literaturmuseum, es ist schon ein Freilichtmuseum der Literatur – einzurichten mit der Phantasie seiner Besucher! Diese Stadt im Voralpenland, klein im Vergleich zu aufstrebenden Metropolen im Norden, war schon immer gut dazu, ein Lebensgefühl zu werden. Die anregende föhnige Klarheit verspricht südlichen Aufschwung, die generationenlange bäuerliche Zuwanderung gibt ihr erdig-schwere Ländlichkeit dazu. Doch dieser widersprüchliche Nährboden genügte nicht, hinzukommen musste in monarchischen Zeiten immer wieder ein genialer Kick von oben. Von mäzenatischen Herrschern, die über den Tellerrand ihres Landes hinausblickten und Kettenreaktionen auslösten, vom Lebensgefühl zur literarischen Kreativität.

Asyl gewährte der Wittelsbacher Kaiser Ludwig IV. dem gelehrten Franziskaner William of Ockham, der unter Häresieverdacht nach München geflohen war. Bis zu seinem Tod 1349 genießt der große Religionsphilosoph Schutz und Schreibfreiheit an der Isar. Mit Theaterstücken und lyrischem Lob der Barockpoeten schmücken die Kurfürsten des 17. Jahrhunderts ihre Residenz. Erst die Aufklärung im 18. Jahrhundert, zögernd begrüßt von den bayerischen Monarchen, öffnet das Fenster zur lyrischen Reflexion. Lorenz von Westenrieder schreibt das erste Stadtporträt Münchens, mit einem Charakterporträt der Münchner.

Langsam, aber nachhaltig strömen Ideen und Menschen zum Beginn des 19. Jahrhunderts hinein in das aufnahmefähige Biotop Münchens, gegrüßt, bekämpft oder geduldet und angenommen, umgeformt und schließlich tief münchnerisch eingefärbt. Autoren der Romantik von Rhein und Neckar zieht es an die Isar. Doch dem Düsseldorfer Heinrich Heine verweigert sich das akademische, königliche München. Um die Mitte des 19. Jahrhunderts lockt Maximilian II., der Sohn des Künstler-Königs Ludwig I., namhafte, wenn auch heute fast vergessene Literaten und Gelehrte nach München. „Nordlichter“ wie der Lübecker Emanuel Geibel und der Berliner Paul Heyse – später der erste deutsche Literaturnobelpreisträger –

verhelfen gemeinsam mit süddeutschen Kollegen dem vielbestaunten Isar-Athen Ludwigs I. auch noch zum Ruf einer Dichterstadt.

VORSPIEL DAS ALLES. Erst zur Prinzregentenzeit, als München unter der Herrschaft des liberalen Wittelsbacher Luitpold ein Gegenpol zum zackig militanten Berlin Wilhelms II. war, wurde es zum starken Magneten für die Kreativen und die Lebenskünstler. Aufnahmebereit für die schönen Künste und bis zur Schmerzgrenze – aber nicht weiter! – wohlwollend, lässt der volksnahe Prinzregent München zur Kunststadt Deutschlands avancieren. Schwabing entwickelt sich vom Kuhdorf zum legendären bayerischen Quartier Latin. Aufmüpfige „Simplicissimus"-Künstler und -Autoren werden von Preußen her gerichtlich belangt und hinter Gitter gebracht, ein Münchner Gericht aber verurteilt den Papstkritiker Panizza zur Gefängnishaft. Doch „München leuchtete". Frank Wedekind und Franziska zu Reventlow, Lenin und Stefan George, Rilke, Wolfskehl und Thomas Mann und ungezählte andere wählen sich „Wahnmochings" Caféhaustische in Bohème-Bestlage als Startplätze zum literarischen Ruhm. Politische Umbruchstimmung keimt heftig neben poetischer Aktivität, offensichtlich wird das in der kurzen Ära der Räterevolution. Eine neue Generation mit Namen wie Brecht und Feuchtwanger, Ödon von Horváth und Klaus Mann wird von harter Kriegs- und Nachkriegszeit geprägt und bewirkt kritische Auseinandersetzung mit konservativen Schriftstellern wie Thomas Mann, Ricarda Huch und Oswald Spengler. Schwabings literarische Szene lebt, doch schon überschattet von Prozessen und skandalösen Störungen von Theateraufführungen. Bis 1933 die Hitlerherrschaft zu Flucht und Exodus zwingt. Kein tödliches Ende, aber doch die böseste Zäsur im Leben der Literaturstadt München.

NACH 1945 VERSUCHEN AUTOREN wie Alfred Andersch, Ingeborg Bachmann, Erich Kästner, Wolfgang Koeppen, Heinz Piontek – in München zu Hause oder nach München geflüchtet, in München zu Gast – den Neuanfang. Wichtigstes, nicht nur in München, sondern im ganzen „Trizonesien" der ersten Nachkriegsjahre beachtetes Forum geistiger Erneuerung wird die unter der amerikanischen Besatzungsmacht redigierte *Neue Zeitung*.

Hans Werner Richter, mit Alfred Andersch Begründer der Zeitschrift *Der Ruf*, gründet auch die „Gruppe 47", die für zwei Jahrzehnte als Kristallisationskern und einflussstärkste ‚pressure group' der westdeutschen Literatur agiert.

„Die Stadt hatte gelitten, aber bald zeigte sie sich blind für die Möglichkeit der Erneuerung, die in der Zerstörung lag", beschwerte sich Wolfgang Koeppen. Konformismus war in den 50er Jahren nicht nur in München szene-typisch. Brecht beispielsweise wurde in Ost-Berlin und in Frankfurt/Main aufgeführt, erst merklich später in München. Als Ausnahmen provozierten Stücke von Franz Xaver Kroetz und Martin Sperr, auch die Prosa von Wolf Wondratschek aus den 70er Jahren. Zu den Provokateuren zählt auch der Münchner Herbert Achternbusch, ein vehementer Fürsprecher individualistischer Existenz. Revolution und Protest werden ansonsten in München gern gleich der Abteilung Kabarett anvertraut. Bei der „Kleinen Freiheit" und der „Lach- und Schießgesellschaft" waren Hohn und Spott früh in gewitzten Händen. Kommt Dieter Hildebrandt und Loriot (=Vico von Bülow) bereits Altmeister-Status zu, so werden Satire und Gegenrede heute mit scheinheiligem Biedersinn von Gerhard Polt, mit pointierter Entrüstung von Joseph von Westphalen betrieben. Autor der Herbert-Dietl-Fernsehserie „Kir Royal" – gesellschaftskritisch vom Feinsten und Frechsten! – war in den 80er Jahren Patrick Süskind („Das Parfüm").

Damals profilierte Hans Magnus Enzensberger – er residiert im Herzen Schwabings – die Literaturstadt München mit der Zeitschrift „Transatlantik". Zu größten Publikumserfolgen brachten es Lothar-Günther Buchheim am Starnberger See mit seinem Kriegsbericht „Das Boot", Michael Ende mit der „Unendlichen Geschichte" und Herbert Rosendorfer mit seinen „Briefen in die chinesische Vergangenheit". München, wo heute jeder fünfte Einwohner ein Ausländer ist, wurde auch zu einer Zuflucht: Autoren aus der Sowjetunion und den ehemaligen Ostblockstaaten suchten und fanden hier ihr Exil. Heute schreiben auch Türken, Araber, Afrikaner in München, in ihren Sprachen oder deutsch. Deutsch schreibt SAID seine Gedichte, der iranische Poet, der weder unterm Schah-Regime und noch unter den islamischen Fundamentalisten in seiner Heimat leben konnte. Jüngst wurde er zum Präsidenten des deutschen PEN-Clubs gewählt. Wer Münchens jüngere Autorengeneration kennen möchte, liest vielleicht Friedrich Anis Krimis, Helmut Kraussers Tagebuch „Juni", Dagmar Leupolds Gedichte oder sieht die Stücke von Albert Ostermaier, eines gebürtigen Münchners, derzeit nach Berlin verzogen. Axel Hackes Kolumnen im Magazin der „Süddeutschen" nicht zu lesen – zum Beispiel „Das Beste aus meinem Leben" – kommt einem allwöchentlichen Lustverzicht gleich. Und welche andere Literaturstadt hat einen bücherschreibenden Bürgermeister, der amüsant, witzig und auch noch Münchner ist? Wir empfehlen: „Chefsache" von Christian Ude.

München ist zur größten Verlagsstadt Europas gewachsen, zur – nach New York – zweitgrößten der Erde. Zu Zeiten der Bonner Republik hat sich München nicht ungern die „heimliche Hauptstadt" nennen lasssen. In der Berliner Republik ist München unbestritten heute die europäische Hauptstadt des Buches.

Edda und Michael Neumann-Adrian

1. Peter Paul Althaus

(1892 Münster – 1965 München)

findet bald nach dem Ersten Weltkrieg 1921 seine Wahlheimat in München, wächst als Kabarettist und Lyriker in Schwabing fest, spielt leicht und elegant mit der Sprache, ein Meister hintergründiger Kleinkunst. Er nennt sich „der letzte Schwabinger" und „Bürgermeister der Traumstadt" (oder lässt sich so nennen) und sieht um 1960 traurig, wie die Wirtschaftswunder-Atmosphäre alles verändert: „Jede Zeit hat ihr besonderes Gesicht. Schwabing hat zur Zeit eine Visage ... Vielleicht kommt ... der Stil, der Geist des alten Schwabing 'mal wieder in Mode. – Auf dem Mond oder auf der Venus. So long!" ■ 1a) Tengstr. 26 (Neubau) ■ 1b) Rambergstr. 3 (verändert) ■ 1c) Königinstr. 24 ■ 1d) Kaiserstr. 54 ■ 1e) Königinstr. 69 ■ 1f) Trautenwolfstr. 8/IV (Gedenktafel). Grab: Nordfriedhof (auf Wunsch von Althaus nicht weit vom Eingang, um den Freunden beim Grabbesuch lange Wege zu ersparen)

Werke u. a.: *In der Traumstadt* (1951), *Dr. Enzian* (1952), *Seelenwandertouren* (1961), *PPA läßt nochmals grüßen* (1966)

2. Alfred Andersch

(1914 München – 1980 Berzona bei Locarno)

Im Arbeiter- und Bürgerviertel Neuhausen geboren, erlebt der Fünfjährige vom Balkon des Elternhauses, wie nach dem Scheitern der Münchner Räterepublik in langen Kolonnen Rotarmisten zur Hinrichtung getrieben werden. Im Konflikt mit seinem Vater, der 1920 als einer der ersten in Hitlers NSDAP eintritt, kommt Andersch nach Abbruch des Gymnasiums zum Kommunistischen Jugendverband (KJV). 1933 Verhaftung, KZ Dachau, nach der Freilassung steht der junge Verlagsbuchhändler (seit 1937 in Hamburg) unter Gestapo-Aufsicht. 1940 zur Wehrmacht einberufen, desertiert er 1944 bei Viterbo nördlich von Rom, wird in den USA in ein Antifa-Compound (Kriegsgefangenenlager für Antifaschisten) gesteckt, kehrt 1945 nach München zurück und arbeitet als Assistent → Erich Kästners bei der *Neuen Zeitung* der US-Militärregierung. 1946 gründet Andersch – mit → Hans Werner Richter – die Zeitschrift *Ruf*, Sprachrohr für die deutsche Erneuerung im Geiste eines demokratischen Sozialismus. Im Jahr darauf ist er Mitbegründer der „Gruppe 47", 1948 Gründer und Leiter des „Abendstudios" beim Sender Frankfurt und bald einer der wichtigsten Autoren der Nachkriegsära. Auch einer der politischsten: „Ich meine, jede Würdigung seines literarischen Werks, die Andersch als einen Meister deutscher Prosa entpolitisiert, wäre ein Hohn" (Max Frisch). ■ 2a) Olgastr. 5 in Neuhausen (Geburtshaus) ■ 2b) seit 1915 Neustätter Straße 6 ■ 2c) Nibelungenstr. 15, ■ 2d) Schellingstr. 35–43 „Neue Zeitung", Druckgewerbehaus (verändert)

Werke: (die beiden ersten Buchveröffentlichungen): *Die Kirschen der Freiheit. Ein Bericht* (1952), *Sansibar oder Der letzte Grund*, Roman (1957)

3. Hans Christian Andersen

(1805 Odense/Dänemark – 1875 Kopenhagen)

Mehrmals auf seinen Reisen in München zu Gast, hat der dänische Märchen-Meister über „Deutschlands interessanteste Stadt" geschrieben. Eine Trouvaille mit Karl-Valentin-Qualität ist sein Gespräch mit einem Münchner Buchhändler, bei dem er die deutsche Ausgabe seines Romans *Der Improvisator* findet: „Das ist aber nur der erste Teil", sagte ich. „Das ist alles", erwiderte der Buchhändler. „Nein", sagte ich, „es ist nur der erste Teil." – „Aber ich habe es gestern gelesen", sagte der Buchhändler. „Fanden Sie nicht, dass es ziemlich abrupt endet?" – „Das schon; wie die neuen französischen Romane; die enden auch auf diese moderne Art." – „Es ist aber trotzdem nur der erste Teil", sagte ich. „Aber ich sage Ihnen doch, ich habe es gelesen." – „Und ich habe es geschrieben", erwiderte ich. ■ 3) Wohnung bisher nicht ermittelt

Werke u.a.: *Eines Dichters Bazar* (1846)

4. Franz Xaver von Baader

(1765 München – 1841 München)

Ein eigenwillig philosophierender Kopf, wird Baader von vielen Wissbegierigen seiner Zeit aufgesucht. Der studierte Chemiker und Mediziner ist Vorläufer der romantischen Naturphilosophie, verkündet eine religiös fundierte Erkenntnislehre in krassem Gegensatz zu Kants „reiner Vernunft". → Schelling steht in seinen Münchner Jahren unter Baaders Einfluss. Urvater viel späterer Schwabinger Exzentrik, lebt Baader am Rande des damaligen Dorfes Schwabing, hat den schrulligen Lebensstil eines Privatgelehrten (er vergleicht sich mit Sokrates). Der vielseitige Gelehrte ist seit 1826 Honorarprofessor der Universität, als ehemaliger Oberbergrat beschäftigt er sich mit der frühen Industrialisierung, fordert Rechte für Vermögenslose und Proletarier – alles unter dem Dach seiner mystischen, vom Glauben bestimmten Philosophie. ■ 4) Leopoldstr. 82, damals „Baader-Schlössl" (1889 abgerissen)

Werke: *Fermenta cognitionis* (4 Bd., 1822 ff.)

5. Ingeborg Bachmann
(1926 Klagenfurt – 1973 Rom)

Wien, Rom und Zürich sind ‚ihre' Städte. Aber doch München auch: schon mit etlichen Literaturpreisen versehen, nimmt Ingeborg Bachmann im Herbst 1957 eine Dramaturgenstelle beim Bayerischen Rundfunk an, für ein Jahr, arbeitet mit Clemens Münster – später Mitherausgeber ihrer Werke –, mit dem Komponisten Hans-Werner Henze und dem Piper-Lektor Reinhard Baumgart zusammen, begegnet Paul Celan und Max Frisch. Politisch ist sie im „Komitee gegen die Atomrüstung" (genauer: gegen die atomare Bewaffnung der deutschen Bundeswehr) aktiv und wird – Europa lebt im Kalten Krieg – u. a. von dem Wiener Kritikerstar Hans Weigel heftig angegriffen. Der Münchner Zeit sind zwei ihrer stärksten Werke zu verdanken: der schon 1956 begonnene Erzählband *Das dreißigste Jahr* und das Hörspiel *Der gute Gott von Manhattan*, eine in Hochspannung der Emotionen vibrierende Szenenfolge über Unmöglichkeit oder Möglichkeit bedingungsloser Liebe. Das Hörspiel von der New Yorker „amour fou" des Paars Jan und Jennifer wird mit dem „Hörspielpreis der Kriegsblinden" ausgezeichnet, und in ihrer kurzen Dankrede *Die Wahrheit ist dem Menschen zumutbar* plädiert Ingeborg Bachmann dafür, „in der Dunkelhaft der Welt nicht aufzugeben, die Augen zu öffnen und den Blick auf das Vollkommene, das Unmögliche, Unerreichbare" zu richten – „sei es in der Liebe, der Freiheit oder jeder reinen Größe".

■ 5) Frühjahr bis Herbst 1958 Franz-Joseph-Str. 9a, (Neubau)

Werke u. a.: *Der gute Gott von Manhattan*, Hörspiel (1958), *Das dreißigste Jahr*, Erzählungen (1961)

6. Jacob Balde
(1604 Ensisheim/Elsass bis 1668 Neuburg/Donau)

lehrt im Dreißigjährigen Krieg bereits 1626 bis 1628 und wieder seit 1637 am Münchner Jesuitengymnasium. Kurfürst Maximilian beruft ihn als Prinzenerzieher, Hofprediger und Hofhistoriographen. Ein Meister neulateinischer Barocklyrik, dichtet Balde auch Prosa und Dramen. In deutscher Sprache verfasst er Oden, u.a. auf die von Maximilian zum Dank für die Befreiung Münchens von schwedischer Besatzung gestiftete Mariensäule vor dem Münchner Rathaus: „Die späte Nachwelt, glaubt sie, dass hier, wo jetzt wir stehen, Schwedenscharen schwärmten, Hunnen beym Fraße geheult wie Wölfe?" Voller Naturgefühl sind Baldes Gedichte über seine Wanderungen in der Umgebung Münchens, das er erst 1650 verlässt. ■ 6) Wohnung vermutlich im Komplex des ehemaligen Jesuitenklosters um die St.Michael-Kirche, Neuhauser str. 52 (verändert); Büste Auenstr. 84 am Baldeplatz bei der Wittelsbacher Brücke.

Werke u.a.: M. Wehrli (Hrsg.): *Jakob Baldes Dichtungen* (lat. und deutsch, 1963)

7. Hugo Ball

(1886 Pirmasens – 1927 Sant' Abbondio/Tessin)
Von München schon 1906 während des Studiums angezogen, zählt auch er zu den Schöpfern der Schwabing-Legende, im Umkreis von „Simplicissimus" und „Münchner Kammerspielen". Lebhafter Umgang mit bewußt unbürgerlichen Literaten und Künstlern im Umfeld von Kathi Kobus' „Simpl", wo der junge Dramaturg, Regisseur und Schriftsteller seine spätere Frau → Emmy Hennings und den Dichter Richard Huelsenbeck kennenlernt. Mit ihnen und Tristan Tzara gründet er, als Pazifist in die Schweiz emigriert, dort 1916 die Dada-Bewegung. ■ 7a) Belgradstr. 16/III ■ 7b) Hohenzollernstr. 89/0 ■ 7c) Schellingstr. 64/II (Neubau)

Werke u.a.: *Cabaret Voltaire* (hrsg. von Hugo Ball, 1916), *Die Flucht aus der Zeit. Tagebuchaufzeichnungen 1914–1921* (1927), *Tenderenda der Phantast* Roman, entstanden 1914-1920 (1967); Biographie: siehe → Emmy Ball-Hennings

8. Emmy Ball-Hennings, geb. Cordsen

(1885 Flensburg – 1948 Sorengo bei Lugano)
kommt um 1911 nach Jahren elenden, schutz- und ruhelosen Lebens als Varietékünstlerin nach München und taucht in das Leben der Schwabinger Bohème ein (auch häufige Besuche in der entsprechenden Berliner Szene). In München erlebt sie den Durchbruch zur schriftstellerischen Gestaltung ihrer Lebensumstände. Auf sensible und dissonante Art betrachtet sie die Welt; freie Liebe, emanzipatorischer Aufbruch, menschliches Mitgefühl und katholische Frömmigkeit (Konversion 1911) bestimmen ihr Werk. Sie tritt bis 1914 im „Simpl" auf. Entscheidend wird die Beziehung zu Hugo Ball, dem Schriftsteller und Dramaturgen, mit dem sie im Mai 1915 nach Zürich emigriert. „München wurde in mancherlei Hinsicht für mein späteres Leben entscheidend. Ich kam hier sehr rasch in einen Kreis von gebildeten Menschen, die natürlich einen sehr günstigen Einfluß auf mich ausübten. ... Mir war, als ströme mir die Fülle des Lebens, alles, was schön sein kann, von allen Seiten zu" *(Das flüchtige Spiel)* ■ 8a) 1913/14 Leopoldstr. 41 ■ 8b) „Simpl": Türkenstr. 57

Werke u.a.: erster Gedichtband *Die letzte Freude* (1913) *Betrunken taumeln alle Litfaßsäulen* Frühe Texte (1990), *Brandmal* (1920), *Blume und Flamme. Geschichte einer Jugend* (1938), *Das flüchtige Spiel. Wege und Umwege einer Frau* (1942), *Hugo Ball. Sein Leben in Briefen und Gedichten* (1930)

9. Johannes R. Becher

(München 1891 – 1958 Berlin)

Den klassischen Vater-Sohn-Konflikt lebt der junge Becher, Sohn eines Amtsrichters und späteren Oberlandesgerichtspräsidenten stur nationaler Gesinnung, bis über die Schmerzgrenze. Mit seinen frühen expressionistischen Gedichten in Protest und Ekstase ist Becher „einer der Unruhigsten ..., eine außerordentliche, wenn auch wilde Begabung" (Karl Pinthus). Anfangs in Berlin (1911), dann in München (seit 1912) studierend, engagiert er sich im Ersten Weltkrieg für Pazifismus und die proletarische Revolution, schreibt Hymnen über → Lenin und Rosa Luxemburg, wechselt in den 20er Jahren wieder nach Berlin (dort 1954 DDR-Minister für Kultur, Autor der Nationalhymne). Über München, im Rückblick: „Du warst der Spielplatz meiner Kindheit: Stadt / Voll Kirchen, Säulen, Gärten und Arkaden, /... Du warst die Stadt der ersten Abenteuer, / und als die erste Strophe mir gelang, / Da war es mir, als wichen die Gemäuer, / Und neigten sich und wurden zu Gesang." ■ 9a) Heßstr. 5 und ■ 9b) Heßstr. 9 (verändert, heute Neue Pinakothek) ■ 9c) Trautenwolfstr. 6

Werke u.a.: *Verfall und Triumph* Gedichte und Prosa (2 Bände, 1914), *Verbrüderung* (1916), *Abschied* autobiographischer Roman (1940)

10. Schalom Ben-Chorin, eigentl. Fritz Rosenthal (1913 München-1999 Jerusalem)

Als er 1983 mit der Medaille „München leuchtet" ausgezeichnet wird, 1988 die Ehrendoktorwürde der evangelischen Fakultät der Münchner Universität und 1989 die Goldene Bürgermedaille der Stadt München erhält, liegt ein Leben der schmerzvoll erlebten Ablösungen von seiner Heimatstadt hinter ihm, einerseits Ablösung des jungen, seinen jüdischen Identität bewussten Schülers von der Assimilation seiner bürgerlichen Münchner Familie, andererseits die durch bösartige Gewalt des Hitlerregimes erzwungene physische und geistige Trennung durch Emigration. Emotional bewahrt er, der seit 1935 in Jerusalem schriftstellerisch für ein dialogoffenes Judentum tätig ist und erfolgreiche Bücher über das Verhältnis zwischen jüdischer und christlicher Religion schreibt, trauernde Erinnerung an die in späteren Lebensjahren noch wie-

der aufgesuchte Stadt seiner Jugend. „Immer ragst du mir in meine Träume / Meiner Jugend – zartgeliebte Stadt, / die so rauschende Kastanienbäume / Und das Licht des nahen Südens hat. // Daß ich dir so sehr gehöre, / Stadt am Rand der Berge und der Seen, / Daß ich Deine Kirchenchöre / Deine Schrammelweisen in mir höre, / Wußte ich – und mußte dennoch gehn ...“ (1957)
■ 10) Oettingenstr. 23

Werke u. a.: *Bruder Jesus. Der Nazarener in jüdischer Sicht* (1967), *Jugend an der Isar* (1974)

11. Werner Bergengruen

(1892 Riga/Lettland – 1964 Baden-Baden)

Aus dem baltischen Lettland stammend, aber schon als Kind nach Deutschland gekommen (da seine deutschen Eltern ihn nicht in den vom Zaren verordneten russisch-sprachigen Unterricht schicken wollten), ist der ehemalige Offizier in den 1920er Jahren durch erzählende Prosa, besonders aber 1931–33 durch seine Kinderbücher vom Zwieselchen bekannt geworden. Unter dem Eindruck der politischen Ereignisse veröffentlicht er 1935 den Roman *Der Großtyrann und das Gericht*, der menschliche Verführbarkeit zum Thema hat. In innerer Emigration konvertiert er 1935 zum Katholizismus, 1936 übersiedelt er mit seiner jüdischen Frau und den Kindern aus dem aggressiven Berlin nach München-Solln. 1937 wird Bergengruen aus der Reichsschrifttumskammer ausgeschlossen, das Publikationsverbot wird später von widerrufbarer Sondergenehmigung unterbrochen. Bis 1942 harrt Bergengruen mit seiner Familie in München aus, dann wird ihm das Haus über dem Kopf weggebombt. Mit Ironie und Galgenhumor erzählt davon *Die Bombengaudi* in seinen *Schreibtischerinnerungen*. Bergengruen verlässt 1942 München, hat danach in Tirol, in der Schweiz und zuletzt in Baden-Baden gelebt. ■ 11) Hirschenstr. 36

Werke u. a.: *Die Rose von Jericho.* Gedichte (1936), *Die drei Falken.* Novelle (1937), *Der ewige Kaiser* Gedichtzyklus (konfisziert 1938), *Am Himmel wie auf Erden* Roman (1940)

12. Horst Bienek

(1930 Gleiwitz/Schlesien – 1990 München)

Als Horst Bienek 1961 als Verlagslektor (dtv) nach München kommt, hat er schon eine exemplarisch harte, dramatische Nachkriegs-Existenz hinter sich: Flucht als Halbwüchsiger aus Schlesien, Demontagearbeiter, vielversprechende literarische Anfänge in Potsdam, Schüler an Brechts Berliner Ensemble, Verhaftung durch

Staatssicherheitsdienst und fünf Jahre Zwangsarbeit in Workuta/Sibirien, 1955 in die Bundesrepublik entlassen. Seine Werke sind stets mit autobiographischen Beobachtungen durchwebt, verschlüsselt schildert er zuerst die isolierte, verkapselte Illusions-Existenz des Gefangenen, später schafft er in seiner Grenzroman-Tetralogie gültige Beispiele der Menschen seiner Gleiwitzer Heimat in ihrer Verstrickung in die Geschichte des Zweiten Weltkriegs. Bienek schreibt auch Lyrik, Drehbücher, Essays über Künstler und Reisen, er hält Poetik-Vorlesungen an der Universität München, er ist Mitglied der Akademie der Schönen Künste in München und der Deutschen Akademie für Sprache und Dichtung. ■ 12) Isarweg 2, Ottobrunn

Werke u. a.: *Die Zelle,* Roman (1968), *Gleiwitzer Tetralogie: Die erste Polka* (1975), *Septemberlicht* (1977), *Zeit ohne Glocken* (1979), *Erde und Feuer* (1982) *Reise in die Kindheit. Wiedersehen mit Schlesien* (1988)

13. Otto Julius Bierbaum

(1865 Grünberg/Schlesien – 1910 Kötzschenbroda bei Dresden)

Sein Studium in München und Berlin bricht er wegen väterlichen Bankrotts ab, fängt in München 1891 an, journalistisch und literarisch zu arbeiten. Von 1898 bis 1906 lebt er ständig in München, lernt den reichen Erben Alfred Walter Heymel kennen und gründet mit ihm und → Rudolf Alexander Schröder die elitär bibliophile Zeitschrift *Die Insel.* Unter Bierbaums Leitung sammelt die Insel „die künstlerisch reinsten Talente“ (von Hofmannsthal und Liliencron bis zu → Heinrich Mann, → Robert Walser und → Frank Wedekind). Nach drei Jahren 1902 eingestellt, legt die *Insel* doch die Basis für das ebenso ambitiöse Programm des gleichnamigen, bis heute im Suhrkamp-Rahmen bestehenden Verlags. Bierbaum, Bohemien, dem Kabarett nahe, mit locker bis empfindsam gestimmten Liebesliedern und amüsanten Reiseberichten erfolgreicher als mit seinen Romanen, stirbt schon 44jährig. Sein kolportagehafter Schlüsselroman *Prinz Kuckuck* beschreibt satirisch das wilhelminische Deutschland und München: „... ist aus einem schmutzigen Bierdorfe zur modernen Großstadt geworden ... Es ist sozusagen jetzt eine zweite Reichshauptstadt. Alle Fortschritte gedeihen hier auf das Herrlichste. Zwar ist es kleiner als Berlin, dafür ist es aber schöner. Hier blüht und gedeiht die Kunst höchst wunderbar. ... So groß München auch geworden ist, man könnte, nähte man alle Leinwand zusammen, die hier im Laufe eines Jahres mit Ölfarbe bedeckt werden, ein Zeltdach darüber spannen.“ ■ 13a) Veterinärstr. 5/I ■ 13b) Leopoldstr. 4: Redaktion der *Insel* ■ 13c) Ainmillerstr. 24/III (Neubau) ■ 13d) Gernerstr. 4/0 ■ 13e) Wotanstr. 50 II ■ 13f) Hermannstr. 13 (heute Wehnerstr., in Pasing); Grab: Waldfriedhof

Werke u.a.: *Stilpe* Roman (1897), *Irrgarten der Liebe – Verliebte, launenhafte und moralische Lieder, Gedichte und Sprüche* (1901), *Eine empfindsame Reise im Automobil* (1903), *Prinz Kuckuck* Roman (1906/07)

14. Richard Billinger

(1890 St. Marienkirchen bei Schärding/Innviertel – 1965 Linz)

tritt nach Philosophie- und Literaturstudium als Athlet auf, den jungen Dichter vom Lande entdeckt die Tänzerin Grete Wiesenthal, Hugo von Hofmannsthal fördert ihn. Billingers *Perchtenspiel* wird auf den Salzburger Festspielen bejubelt – und wegen freizügiger Kleidung Grete Wiesenthals auf Verlangen des Erzbischofs abgesetzt. 1931 bringt *Die Rauhnacht* mit Werner Kraus und Luise Ulrich in den Münchner Kammerspielen den entscheidenden Durchbruch, auch dank Otto Falckenbergs dramaturgischer Nachhilfe. Die Perchtenmasken und Kostüme der Rauhnacht entstanden nach Entwürfen → Alfred Kubins. Billingers barocke Sprache und kernige Bäuerlichkeit stehen der Blut- und Boden-Ideologie nahe, doch sein Freund Zuckmayer markiert den Unterschied: Billinger verkläre, versüße und heroisiere nicht. Eine Intrige führt zur Verhaftung durch die Gestapo und drei Monaten Gefängnis. Billinger verlässt München, kehrt erst 1940 an die Isar zurück und arbeitet in Wien am Drehbuch für den Mozart-Film *Wen die Götter lieben*. In Niederpöcking am Starnberger See bezieht er das Haus Nr. 13, seinen Wohnsitz bis zum Lebensende. ■ 14a) Widenmayerstr. 39 ■ 14b) Possenhofener Str. 13, Starnberg/Niederpöcking

Werke u.a.: *Perchtenspiel.* Tanz und Zauberspiel (1928) *Der Gigant* Schauspiel (1936, verfilmt: *Die Goldene Stadt*), *Das nackte Leben* Schauspiel (1951), *Bauernpassion* Schauspiel (1960)

15. Franz Blei

(1871 Wien – 1942 Westbury, New York)

Der Dichter, Übersetzer, Bibliophile und Essayist aus Österreich lebt von 1900 bis 1927 in München, schreibt in ironisch-lebhaftem Stil über die Literatur seiner Zeit sowie über Erotika, fördert junge Autoren (wie → Robert Walser) und gibt die Zeitschriften *Hyperion* (mit → Carl Sternheim) und *Der Zwiebelfisch* heraus. *Die Erinnerungen eines Lebens* enthalten viele Schwabinger Beobachtungen. „München war eine Stadt der Fremden, die sich ohne Reibung in das Landesübliche der Sitten und Bräuche fanden, denn diese waren locker, leicht, zuweilen ein bißchen komisch, anspruchslos, verbanden alle Kasten und Stände."

■ 15a) 1901–05 Arcisstr. 19 (verändert) ■ 15b) 1911 Tengstr. 41 ■ 15c) 1920–27 Karl-Theodor-Str. 36

Werke u.a.: *Das große Bestiarium der modernen Literatur* (1920)

16. Friedrich Bodenstedt
(1819 Peine/Niedersachsen – 1892 Wiesbaden)

dient als einer von vielen begabten jungen Männern nach dem Studium in Göttingen ohne bessere Berufsaussichten als Hauslehrer in Adelsfamilien, wagt sich nach Russland und in den Orient und begegnet im georgischen, damals schon dem Zarenreich einverleibten Tiflis einem Dichter und Sänger namens Mirza Schaffy. Bodenstedts Übersetzungen der Lieder des Mirza Schaffy in seinem Reisebuch *Tausendundein Tag im Orient* werden im Biedermeier-Deutschland begeistert aufgenommen und jahrzehntelang immer neu aufgelegt (bis 1917 eine Viertelmillion Auflage). Tatsächlich sind die lyrischen Feiern heiteren Lebensgenusses eigene Texte Bodenstedts, und mit der Mystifikation macht er Karriere. Bayerns König Maximilian II. gibt Bodenstedt eine Professur für slawische Philologie an der Münchner Universität, der Orientfahrer kann sich an der Isar großbürgerlichen Wohnstil leisten, seufzt aber, „von groben Münchner Handwerkern arg getäuscht" zu sein. Nach dem Tod des königlichen Mäzens wechselt das Nordlicht Bodenstedt von München nach Meiningen, Altona, Dresden, Wiesbaden. Bis heute sind Bodenstedts Übersetzungen von Shakespeare und Puschkin anerkannt.

■ 16) Wohnung bisher nicht ermittelt, Universität: Geschwister-Scholl-Platz 1

Werke u.a.: *Lieder des Mirza Schaffy* (1851), *Erinnerungen aus meinem Leben* (1888–1890)

17. Waldemar Bonsels
(1880 Ahrensburg bei Hamburg – 1952 Ambach/Starnberger See)

hat viel von Europa gesehen, „Spelunken, Gassen und Gärten, bürgerliche Häuser und Schlösser" und ist als Missionskaufmann schon auf Indienfahrt gegangen, als er 1904 nach München kommt. Mit Freunden, deren Bücher von anderen nicht gedruckt werden, gründet er am

Nikolaiplatz in Schwabing einen Kleinverlag und beginnt eine hochproduktive Schriftstellerkarriere. Seine Bücher seien „mehr oder weniger alle unter die Kategorie Märchen einzureihen", meint er später. Viele der melodramatischen Romane um Eros und Religion, in denen „das Blut singt" und Menschen sich gegen bürgerliche Enge auflehnen, sind weithin vergessen, nicht aber *Die Biene Maja*, das Tiermärchenbuch von 1912, ein Welterfolg mit Millionenauflage. Nach dem Ersten Weltkrieg – Bonsels ist Kriegsberichterstatter in Galizien – zieht er nach Ambach am Starnberger See. ■ 17a) Siegesstr. 4 (Neubau) ■ 17b) Hohenzollernstr. 12 ■ 17c) Leopoldstr. 77 (Gedenktafel) ■ 17d) Theresienstr. 80 (verändert) – Waldemar-Bonsels-Stiftung seit 1977 in München.

Werke u.a.: *Madame Potiphar. Eine Badereise* Verserzählung (1904), *Die Biene Maja und ihre Abenteuer* Roman (1912), *Himmelsvolk* (1915) *Indienfahrt* Roman (1916), *Tage der Kindheit* Autobiographie (1931)

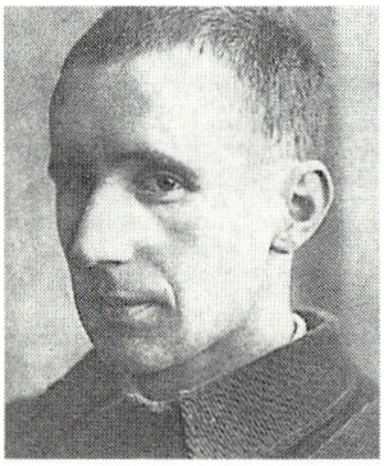

18. Bertolt Brecht

(1898 Augsburg – 1956 Berlin)

immatrikuliert sich 1917 als „stud. Phil. et Med." an der Münchner Universität und startet ein Studium Universale, mit Vorlesungen und Seminaren über Philosophie, Anthropologie, Experimentalchemie, Volkskrankheiten, Religions- und Literaturgeschichte, dazu noch Stilkunde und Theaterkritik im → Kutscher-Seminar. Bald drängt anderes mehr. Brechts sieben Münchner Jahre werden von häufigen Aufenthalten im nahen Augsburg und von Reisen nach Berlin unterbrochen, sind umtriebig mit Schreiben und Umschreiben seiner Stücke ausgefüllt, mit dem Sammeln von Freunden und Mitstreitern, mit dem Anspinnen von Theater- und Verlagskontakten und lukrativen Filmprojekten („will hartes Gold scharren"). Viel Zeit muss sein für lange Gespräche bei Tee-, Spazier- und Badestunden, im Englischen Garten und lieber noch in Augsburg am Lechufer oder bei Pöcking am Starnberger See. *Vom Schwimmen in Seen und Flüssen* heißt ein Gedicht: „Im bleichen Sommer, wenn die Winde oben / Nur in dem Laub der großen Bäume sausen / Muss man in Flüssen liegen oder Teichen / Wie die Gewächse, worin Hechte hausen. / Der Arm wird leicht im Wasser ..." Frauen sucht Brecht, ist ein Überredungskünstler, charmant und geistreich mit Handkuss: mit „Bittersweet" Paula Banholzer hat er den Sohn Frank, Hedda Kuhn, die Medizinstudentin, lernt er im Kutscher-Seminar kennen, die Schauspielerin Marianne Zoff heiratet er und hat mit ihr die Tochter Hanne, mit Helene Weigel bringt ihn in Berlin 1923 Arnolt Bronnen zusammen. Andere wichtige Begegnungen der Münchner Jahre sind → Frank Wedekind, → Lion

Feuchtwanger, → Oskar Maria Graf, → Marieluise Fleißer und → Karl Valentin, in dessen Oktoberfest-Schaubude tritt er auf. 1922 wird die Uraufführung von *Trommeln in der Nacht* an den Münchner Kammerspielen – Brecht ist dort Dramaturg bei Otto Falckenberg – vom Kritiker Herbert Ihering gefeiert: „... Brecht hat über Nacht das dichterische Antlitz Deutschlands verändert. Mit Bert Brecht ist ein neuer Ton, eine neue Melodie, eine neue Vision in der Zeit." Brecht später: „Diese Komödie wurde in München vor folgenden Kulissen gespielt: Hinter den etwa zwei Meter hohen Pappschirmen, die Zimmerwände darstellten, war die große Stadt in kindlicher Weise aufgemalt. Jeweils einige Sekunden vor dem Auftauchen Kraglers glühte der Mond rot auf. Die Geräusche wurden dünn angedeutet. Die Marseillaise wurde im letzten Akt durch ein Grammophon gespielt. Der dritte Akt kann, wenn er nicht fliegend und musikalisch wirkt und das Tempo beschwingt, ausgelassen werden. Es empfiehlt sich, im Zuschauerraum einige Plakate mit Sprüchen wie *Jeder Mann ist der beste in seiner Haut* oder *Glotzt nicht so romantisch* aufzuhängen." 1923 folgt *Im Dickicht der Städte* am Residenztheater, 1924 *Das Leben Eduards des Zweiten.* Schon seit dem Frühjahr 1920 immer wieder in Berlin, verlässt Brecht München im Herbst 1924, geht zu Max Reinhardt als Dramaturg ans Deutsche Theater, gemeinsam mit Carl Zuckmayer.
■ 18a) 1917 Maximilianstr. 43 (bei Caspar Nehers Tante) ■ 18b) 1917 Adalbertstr. 12 ■ 18c) 1918 Kaulbachstr. 63A ■ 18d) 1918 Georgenstr. 24, Rückgebäude (Neubau) ■ 18e) 1919 Pension Trommer, Paul-Heyse-Str. 9 (verändert) ■ 18f) 1920 Pestalozzistr. 46, ■ 18g), 1922 Leopoldstr. 52a (Neubau), ■ 18h) 1922 Georgenstr. 24, ■ 18i) 1922 Ohmstr. 3 (Neubau), ■ 18j) 1923 Akademiestr. 15 (mit seiner Frau Marianne, geb. Zoff, Neubau)

Werke u.a.: *Trommeln in der Nacht* (1920), *Im Dickicht der Städte* (1921), *Baal* (1922) Gedichte der Münchner Jahre wurden 1927 in der *Hauspostille* gesammelt, die frühe Prosa, die in Zeitungen gedruckt wurde, ist in den Suhrkamp-Werkausgaben zu lesen.

19. Joseph Breitbach

(geb.1903 in Koblenz – 1980 in München)

findet im letzten Lebensviertel in München seine Wahlheimat, hat in der Literatur sein Lebensthema gefunden, von den Erzählungen *Rot gegen Rot* des Mittzwanzigers bis zu dem altersheiteren *Blauen Bidet* des 75ährigen. Aus vermögendem Hause, väterlicherseits lothringischer, mütterlicherseits Tiroler Herkunft, wirkt er lebenslang für Verständigung über die Grenzen hinweg, speziell über die deutsch-französische. Aus Protest gegen die Politik der Sieger im Ersten Weltkrieg ist er Kommunist geworden, als junger Journalist hat er sich in der Nachkriegsszene umgesehen. Noch vor der deutschen Ausgabe erscheint sein erstes Buch *Rot gegen Rot* in russischer Übersetzung, dank Stefan Zweigs Vermittlung. Später bewohnt Breitbach ein nobles Domizil über der Place du Panthéon in Paris, wechselt häufig zwischen Schwabing und dem Quartier Latin. Weltläufig wie nicht sehr viele Autoren, kann er dem Leser auch postum noch ungekannte Einblicke in das 20. Jahrhundert bieten. ■ 19) Mandlstr. 9

Werke u. a.: *Genosse Veygond* Roman (1970) *Das blaue Bidet* Roman (1978)

20. Bettine (eig. Bettina oder Anna Elisabeth) Brentano (1785 Frankfurt/Main – 1859 Berlin) kommt als noch unverheiratete junge Frau 1808 nach München, in Begleitung ihrer Schwester und ihres Schwagers, des Professorenehepaars von Savigny. Bettina fiel in der damaligen Zeit aus dem Rahmen: eigenwillig, interessiert an so ‚unweiblichen' Themen wie Literatur, Politik, Freiheit, dazu diskussionsfreudig und oft überaktiv. Sie gewinnt die Herzen gescheiter Leute. Während die Verwandten meist in der Universitätsstadt Landshut weilen, bleibt sie in München und findet in der unruhigen Zeit des Krieges gegen die freiheitsbewußten Tiroler Anschluss an die gebildeten Kreise. Sie besucht den kranken → Tieck und schildert in den später von ihr veröffentlichten (und bearbeiteten) Briefen an Goethe die Kriegsmaßnahmen (man fürchtete sogar die Eroberung der Stadt und brachte Gemälde und die Hofbibliothek in Sicherheit). Bettine berichtet anrührend, wie sie sich beim Kronprinzen (später Ludwig I.) erfolgreich für bessere Behandlung gefangener Tiroler einsetzt, wie ihr Herz auf Seiten der Freiheitskämpfer schlägt. Auch für landschaftliche Schönheit hat die Naturfreundin Zeit, vom klaren Januar 1809 erzählt sie: „... es hat mich hinausgetrieben in den kahlen, englischen Garten, ich bin auf alle Freundschaftstempel, chinesische Türme und Vaterlandsmonumente geklettert, um die Tiroler Bergkette zu erblicken, die tausendfach ihre gespaltenen Häupter gen Himmel ragt." Nach einem Jahr, das sie teils in Landshut verbringt, reist sie mit ihren Verwandten wieder ab, wird bald Ehefrau des romantischen Dichters Achim von Arnim, wird Gutsherrin und erhebt später von Berlin aus ihre Stimme für sozial Benachteiligte des beginnenden Industriezeitalters.
■ 20) Rosenstr. 11 (ehemaliges Pilgramhaus, zerstört, heute Kaufhaus)

Spätere Werke: *Goethes Briefwechsel mit einem Kinde* (1835), *Die Günderode* (1840), *Dies Buch gehört dem König* (1843)

21. Clemens Brentano

(1778 Ehrenbreitstein bei Koblenz bis 1842 Aschaffenburg)

Getrieben von Ort zu Ort, findet der früh verwitwete, in zweiter Ehe geschiedene Dichter und Volksliedsammler *(Des Knaben Wunderhorn)* 1833 in den Kreis der Münchner Spätromantik. Im gleichen Jahr Teil-Veröffentlichung seiner umfangreichen Aufzeichnungen (16 000 Manuskriptseiten), die Brentano als „Dolmetscher göttlicher Offenbarung" über die Visionen der im westfälischen Dülmen stigmatisierten Nonne Anna Katharina Emmerick (1774–1824) verfasst hat. Begegnung mit der zwei Jahrzehnte jüngeren Malerin und Kunstsammlerin Emilie Linder, ein neuer Werkzyklus großer Liebeslyrik entsteht, mit Schlüsselversen romantischer Poesie wie „O Stern und Blume, Geist und Kleid / Lieb, Leid und Zeit und Ewigkeit." Brentano, von Hans Magnus Enzensberger als ein „erotisches Genie" gerühmt und „... als der erste unter den Deutschen Dichter und sonst nichts", verlässt München nach knapp einem Jahrzehnt schwer krank, stirbt im folgenden Jahr.

■ 21a) Von-der-Tann-Str. 11 ■ 21b) Glockenstr. 11 (heute Herzog-Wilhelm-Str.) ■ 21c) Salon der Emilie Lindner, wo Brentano häufig zu Gast war: Karlsplatz 25 (städtebaulich verändert)

Werke: *Das bittere Leiden unseres Herrn Jesu Christi*, anonym, (1833) *Gockel, Hinkel, Gakeleja* – Märchen, wieder erzählt (1838)

22. Georg Britting

(1891 Regensburg – 1964 München)

Schwerverwundet aus dem Ersten Weltkrieg 1921 nach München gekommen, profiliert sich Britting als Lyriker. Als Erzähler entwickelt er dramatische, in seinem *Hamlet*-Roman auch bizarre psychische Konstellationen. Brittings Verse nehmen anfangs den süddeutschen Expressionismus auf, verwandt der Bildwelt → Heinrich Lautensacks. Melodisch und bündig ist die Sprache seiner Naturlyrik: „Hör, was das Windlicht spricht: / Unter der Sterne Gang. / Falterflug, Adlerflug, / Kurz oder lang; / Genug!"

■ 22) St.-Anna-Platz 10 („Künstlerhaus" der Stadt München); Grab: Nordfriedhof

Werke: *Gedichte* (1930), *Lebenslauf eines dicken Mannes, der Hamlet hieß* Roman (1932), *Der irdische Tag* Gedichte (1935), *Rabe, Ross und Halm* (1939), *Lob des Weines* (1944), *Unter hohen Bäumen* (1951), *Gesamtausgabe in Einzelbänden* (1967)

23. Wilhelm Busch

(1832 Wiedensahl bis 1908 Mechtshausen bei Hildesheim)

Noch in seinem Todesjahr adressiert Wilhelm Busch an seine Freunde in München: „Wohlan, so mach dich auf die Füße / Und trag die allerschönsten Grüße / Nach München, der berühmten Stadt, / Die mir so gut gefallen hat, / Daß ich seit längst vergang'nen Tagen / Bis heute noch mit Wohlbehagen / Und sicher bis zum Lebensschluß / Getreu an sie gedenken muß.“ 1854 zum (erfolglosem) Studium an der Akademie. Befreundet mit Franz von Lenbach, Friedrich August Kaulbach, Lorenz Gedon, Mitglied im Künstlerverein Jung-München. Bis 1865 eine lange Reihe von alljährlichen Münchenaufenthalten, auch danach in Abständen bis 1881. Mitarbeiter der *Fliegenden Blätter*, malt und dichtet erste Bildergeschichten für die *Bilderbögen* in damals neuem knappen Stil mit drastischem Humor und virtuoser Prägnanz der Texte. Der Münchner Caspar Braun verlegt 1865 den Haupterfolg *Max und Moritz*.

■ 23a) Dachauerstr. 3 (Neubau) ■ 23b) Schwanthalerstr. 28 (Neubau); Atelier in der Karlstr..

Werke u.a.: Beiträge in den *Fliegenden Blättern*, *Krischan mit der Piepe*, *Der Eispeter* (1864), Lyriksammlung *Kritik des Herzens* (1874)

24. Hans Carossa

(1878 Bad Tölz – 1956 Rittsteig bei Passau)

Der Arzt, der sich Zeit fürs Dichten wünscht: jahrzehntelang zieht sich die berufliche Überlastung als roter Faden durch Carossas Biographie. Beim Medizinstudium 1897–1900 in München findet der Arztsohn aus dem bayerischen Oberland in Schwabings literarische Szene, von den „Elf Scharfrichtern“ bis zum Stefan-George-Kreis. Nach Aufenthalten in Leipzig, Würzburg und Seestetten an der Donau werden 1914 Praxisräume in Schwabing eingerichtet, der junge Dichterarzt begegnet im gleichen Jahr → Rilke, wird Frontsoldat. Vom *Insel*-Verleger Anton Kippenberg und seiner Frau Katharina ermutigt, bringt Carossa erste Bücher zum Druck. Eine ruhige, genaue, an den Vorbildern der Weimarer Klassik geschulte Prosa, die mit ihrer gelassenen Distanz zu den Schrecken der Zeit bald eine beträchtliche Lesergemeinde gewinnt. 1925 ermöglicht ein monatliches Fixum des *Insel*-Verlags den allmählichen Rückzug aus dem Arztberuf. 1929 wird Seestetten dauernder Wohnsitz. Über das zerstörte München schreibt Carossa 1945: „Die Stadt ist ausgelöscht, mein Glaube an

Wiederherstellung gering.“ ■ 24) 1914–29 Theresienstr. 46 (Neubau), Gedenktafel

Werke u. a.: *Gedichte* (1910), *Die Flucht* Erzählung (1915), *Eine Kindheit* (1922), *Rumänisches Tagebuch* (1924), *Verwandlungen einer Jugend* (1928)

25. Lena Christ

(1881 Glonn (Oberbayern) – München 1920)

Als uneheliches Kind (was ein schlimmer Makel war) im Oberbayerischen geboren und beim Großvater aufgewachsen, musste Lena Christ als Schulkind in den Gastwirtshaushalt von Mutter und Stiefvater nach München umziehen. Die sadistischen Drangsalierungen durch Mutter und ersten Ehemann, einen Alkoholiker, und die glücklichen ersten Kinderjahre im Bauernmilieu hat sie in ihrer Autobiographie *Erinnerungen einer Überflüssigen* dargestellt (Vermutlich war es Peter Benedix, ihr zweiter Ehemann, der sie zum Schreiben ermutigte). Der lebendige Erzählton ihrer Werke, die Darstellung bäuerlichen Alltags und harten Vorstadtlebens wahren gefühlsmäßig Distanz. Lena Christ, deren Lebenskraft durch Krankheit schwer geschädigt ist, macht nach Elend und privater Unrast 1920 ihrem Leben durch Freitod ein Ende. Ihre Werke gehören zu der modernen Heimatdichtung, die literaturwürdig wurde.

■ 25a) Gastwirtschaft des Vaters 1893/94: Sandstr. 34 (heute Sandstr. 45, Neubau, Gedenktafel) ■ 25b) Wohnung 1911 Hohenzollernstr. 24 (bei Peter Bendix) ■ 25c) Ehewohnung 1912 Düllst. 5 ■ 25d) 1914 Pilarstr. 2 ■ 25 e) letzte Wohnung 1919/20 Bauerstr. 20/0, Grab: Waldfriedhof, Sektion 44

Werke u. a.: *Erinnerungen einer Überflüssigen* (1912), *Matthias Bichler* Roman (1914), *Die Rumplhanni* Erzählung (1916)

26. Michael Georg Conrad

(1846 Gnodstadt/Franken – 1927 München)

hat sich in der Schweiz, Italien und Paris umgesehen und von Zola gelernt, bevor er 1882 nach München kommt. Ein fränkischer Feuerkopf und „zorniger junger Mann“, setzt er sich mit seiner bald vielgelesenen Zeitschrift *Die Gesellschaft* (1885–1901) gegen den gestelzten Akademismus und für den Naturalismus ein. In seinem Roman *Was die Isar rauscht* artikuliert sich die Kritik am Industrieboom zu Lasten der Armen. Conrad, der Förderer der jungen literarischen Generation – auch Thomas Manns – und 1893–98 linksliberaler Reichstagsabgeordneter, ist nicht ideolo-

gisch eng. Aufsehen macht zu Anfang des 20. Jhs. der Königsroman *Majestät*, eine postume Huldigung an den 1886 unter ungeklärten Umständen ums Leben gekommenen Wittelsbacher Ludwig II. So energisch sich Conrad für soziale Reform engagiert, so tief fühlt er sich in Ludwigs Wagner-Verehrung und Schönheitsverlangen ein. „Er war wirklich der Mann dieser Stadt“, schreibt Thomas Mann 1927 im Nachruf, „und sie war wie er: bäuerlich volkhaft und weltoffen, und europäisch zugleich.“
■ 26) Ismaninger Straße 68

Werke u. a.: *Was die Isar rauscht* (1888), *Majestät* (1902)

27. Felix Dahn
(1834 Hamburg – 1912 Breslau)
Seine Karriere macht der aus einer Schauspielerfamilie stammende Felix Dahn als Jurist, habilitiert sich 1857 in München – wo er aufwuchs – und ist Professor dort, dann in Würzburg, Königsberg und Breslau. Nach München kommt er auf Reisen immer wieder, in steter Verbindung mit dem dortigen Dichterkreis. In seinen „Erinnerungen“ preist er die Biergärten: „Dann aber war und ist es noch heute in München üblich, die Abende des lang währenden Sommers und des oft noch warmen Frühherbstes im Freien in den Wirthsgärten zu verbringen oder auf dem luftigen Keller (gemeint: über den Bierkellern) unter dem Schatten der alten Bäume ... Dahin ‚verloben‘ (= verabreden) sich befreundete Familien und verbinden Natur, Bier und Freundschaft zu gefälligem Dreiklang unter sehr geringen Ausgaben. Neben wissenschaftlichen Geschichtswerken schreibt er viel und mit Spannung zu lesende historische Romane, mit idealisierender nationaler Tendenz. ■ 27) Wohnung bisher nicht ermittelt

Werke u. a.: *Ein Kampf um Rom* (1876), *Die Kreuzfahrer* (1884), *Julian der Abtrünnige* (1893)

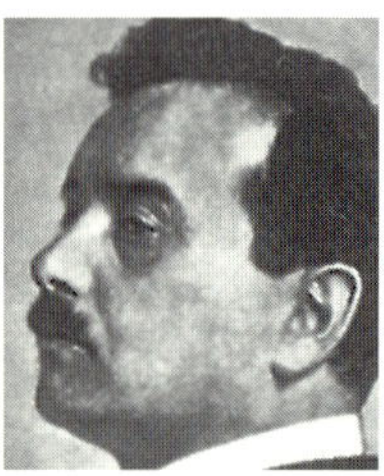

28. Max Dauthendey
(1867 Würzburg – 1918 Malang/Java)
macht sich von München zu einer Italienwanderung auf, gelangt aber nur bis zum Tegernsee und kehrt bald zurück in seinen Schwabinger Bohème-Kreis um Hans Brandenburg (*München leuchtete*, 1953) und → Waldemar Bonsels. Den Passanten der Kaufingerstraße will der Sohn eines Norddeutschen und einer Russin in einem Teppichgewölbe Märchen erzählen. Immer in Geldschwierigkeiten, auch als er mit seinen melodischen Liebes- und Naturgedich-

ten voller Farbsymbolik um 1900 zum vielgelesenen Autor des Jugendstils wird. Nach der Weltreise von 1906 kommt Dauthendey zu großem Erfolg mit dem Erzählband *Die acht Gesichter am Biwasee.* Eine zweite Weltreise bricht der Weltkrieg ab; Dauthendey wird auf Java zeitweise interniert, er stirbt an Malaria.

■ 28) 1902/03 Kaulbachstr. 35 (Neubau)

Werke u. a.: *Die ewige Hochzeit* Liebeslieder (1905), *Singsangbuch* (1907), *Neun Pariser Moritaten* (1907), *Insichversunkene Lieder im Laub* (1908)

29. Kurt Eisner

(1867 Berlin – 1919 München, ermordet)

Als Journalist arbeitet er an der sozialdemokratischen *Münchner Post* mit, als Politiker führt er in München die Unabhängige Sozialdemokratische Partei (USPD), den radikaleren Flügel der Sozialdemokratie, als Autor von Erzählungen und Gedichten schreibt er für Verbrüderung und gegen den Krieg. Im November 1918 eint er mit „phantasievoller Führung“ (Golo Mann) die zerstrittene Linke, steht in Bayern an der Spitze der Revolution und meint, sie könne der „Welt ein Beispiel geben, dass endlich einmal eine Revolution, vielleicht die erste Revolution der Weltgeschichte, die Idee, das Ideal und die Wirklichkeit vereint“. Eine hochgradig weltfremde Erwartung: kaum ein Vierteljahr nach der Ausrufung der Republik gibt das Wahlvolk dem Ministerpräsidenten Eisner und seiner Regierung eine eindeutige Absage. Auf dem Wege zur Abdankung wird Eisner vom jungen Grafen Arco auf Valley erschossen.

■ 29) Gedenktafel (Bodenplatte) am Promenadeplatz, gegenüber Montgelas-Palais (Amtssitz Eisners); Kardinal-Faulhaber Str. 14: Bodenplatte an der Mordstelle

Werke u. a.: *Der Geheimbund des Zaren.* (1904), *Der Sozialismus und die Jugend* (1919) *Welt werde froh!* Ein Kurt-Eisner-Buch (1929)

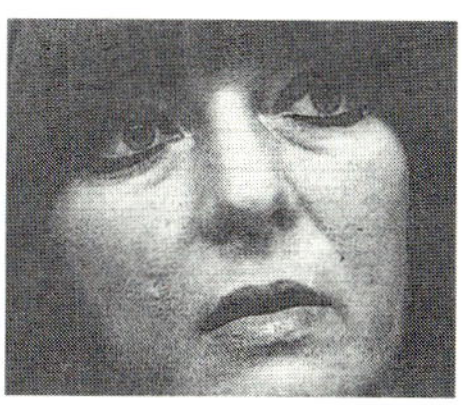

30. Gisela Elsner

(1937 Nürnberg – 1992 München)

Sie lebt und schreibt in München, 1962 fällt sie bei der Lesung ihres Romantextes in der „Gruppe 47“ auf, ist vom ersten Auftritt an umstritten, es folgen Verlagsvertrag und sogar ein internationaler Preis. Die weiteren Romane nehmen, wie der erste, das alte Bürgertum mit erbarmungsloser Verachtung aufs Korn, als wäre es nicht längst zur Unschärfe verblasst. Oder ist die moderne Gesellschaft nur gerade dieses scharf bloßzustellende Bürgertum in anderem Design? Kritiker streiten sich, fühlen sich von der Autorin ungenügend

instruiert, die umständliche Sprache mit den verwinkelten Nebensätzen wird ihr mit der Zeit verargt – trotz weiterer Veröffentlichungen vergeht der anfängliche Ruhm. Liegt es an ihrer Mitgliedschaft bei den Kommunisten? mutmaßt sie. Ohne Verlag, gesundheitlich und finanziell in Nöten, springt Gisela Elsner schließlich aus dem Fenster in den Tod.
■ 30) Elisabethstr. 8, hier wohnten auch Günter Herburger und Paul Wühr

Werke u. a.: *Die Riesenzwerge* (1964), *Das Berührungsverbot* (1970), *Abseits* (1982), *Die Zähmung* (1984), *Fliegeralarm* (1989)

31. Michael Ende

(1929 Garmisch-Partenkirchen bis 1995 Stuttgart)

Nach München versetzen die Eltern ihn 1931, er wächst dort in den bösen Jahren der Diktatur auf, die dem Vater, dem surrealistischen Maler Edgar Ende, Malverbot auferlegt. 1943 nötigt der Bombenkrieg zum Verlassen der Stadt, nach dem Krieg wird Michael Ende Waldorfschüler in Stuttgart. Nach Jahren auf Schauspielschule und Provinztheater sieht er, dass die Bühne nicht seine Zukunft ist. Bei einer Sizilienreise erlebt der junge Filmkritiker in Palermo einen „Cantastorie", einen Geschichtenerzähler, und erkennt, dass diese lebendige Mitteilungsweise sein Stil ist, er will sich direkt und natürlich an sein Publikum wenden, für Kinder schreiben. Sein erstes Buch hat Schwierigkeiten, einen Verlag zu finden, gerät dann aber auf Anhieb zum großen Erfolg, bis heute: *Jim Knopf und Lukas der Lokomotivführer*. *Momo* folgt und *Die unendliche Geschichte*, die wegen ihrer nachdenklichen Hintergründigkeit ein Kultbuch auch für Erwachsene wird und mit einer Auflagenmillion Wohlstand und Ansehen einträgt (aber die oberflächliche Verfilmung verabscheut der Autor). Michael Ende über Phantasie (1985): „Alles, was ich vergessen habe, taucht in der Tat in meinen Büchern wieder auf, aber eben in veränderter Form. ... Aus dieser Substanz, die absinkt ins Unterbewußte, bildet sich dann das, was man als Einfall, Phantasie, Bild plötzlich vor Augen hat. Es ist die Summe vieler Erfahrungen, die als Einzelerfahrungen verschwunden sind, aber als Gesamtheit, als Bild wieder auftauchen." Seit 1951 hält er sich häufig in Genzano di Roma auf, wohnt seit 1971 dann in Rom, kehrt nach dem Tod seiner ersten Ehefrau 1985 nach München zurück. In seiner letzten Schaffensperiode schreibt er auch Opernlibretti. ■ 31a) 1931–35 Marsopstr. 19 (Villa des Bildhauers Joseph Floßmann), ■ 31b) 1935–44 Kaulbachstr. 90, ■ 31c) 1945–61 Leopoldstr. 135a, ■ 31d) 1962–66 Schloss Mangfalltal

(30 km südlich von München), ■ 31e) 1985–87 Elektrastr. 24, ■ 31f) 1987–95 Sendlingerstr. 30, ■ 31g) Michael Ende-Museum in der Internationalen Jugendbibliothek, Schloss Blutenburg

Werke u.a.: *Jim Knopf und Lukas der Lokomotivführer* (1960), *Momo* (1973), *Die unendliche Geschichte* (1979), *Der Goggolori Libretto* (1984)

32. Otto Falckenberg

(1873 Koblenz – 1947 München)

Berlin ist dem Studenten aus dem Rheinland „zu nüchtern, berechnend, betriebsam“, er wechselt 1896 nach München und binnen weniger Jahren von seinen naturalistischen und symbolistischen Dramen zum Kabarett, wird Mitgründer der „Elf Scharfrichter“, führt dort und bei privaten Bühnen Regie. 1906 wird ihm die Leitung des Königlichen Hofschauspiels angeboten, er lehnt ab, macht große Reisen und Karriere bei den Münchener Kammerspielen. Von 1917–1944 ist er ihr künstlerischer Leiter, eine der großen Theaterpersönlichkeiten des 20. Jahrhunderts. Falckenberg inszeniert auch in Berlin, u. a. die Uraufführung von → Brechts *Baal*. Unter Hitler will er sein Lebenswerk nicht im Stich lassen, hilft auch vielen Verfolgten. 1945 verbieten ihm die US-Militärbehörden zu inszenieren, erst kurz vor seinem Tod wird er im Spruchkammerverfahren rehabilitiert. ■ 32) 1916–37 Viktoriastr. 11 (Gedenktafel); Büste im Foyer der Kammerspiele; Grab: Alter Friedhof Starnberg

Werke u.a.: *Dr. Eisenbart* (1908), *Ein deutsches Weihnachtsspiel* (1908); Biographie: Wolfgang Petzet: *Otto Falckenberg. Mein Leben – Mein Theater*

33. Jakob Friedrich Fallmerayer

(1790 Tschötsch/Südtirol – 1861 München)

Sprachwissenschaftler, ursprünglich aus der Militärlaufbahn, dann Jurastudium, schließlich Studium der semitischen Sprachen und klassischen Philologie, unternimmt Reisen nach Griechenland und in den Orient, wird 1848 Professor der Geschichte in München (vorher Landshut). Wegen Teilnahme an der 48er Nationalversammlung verliert er die Professur, geht bis 1850 ins Schweizer Exil, danach wieder in München. Fallmerayer gilt als Begründer der Byzantinistik und zugleich als einer der frühen Orientalisten . Als Orientexperte ist er Mitarbeiter der vielgelesenen *Augsburger Allgemeinen Zeitung*.

■ 33) Wohnung unbekannt. Grab auf dem Alten Südfriedhof.

Werke u.a.: *Fragmente aus dem Orient* (1845) *Geschichte des Kaisertums von Trapezunt* (1827 und 1843/44), *Golgatha und das Heilige Grab* (1852)

34. Rainer Werner Fassbinder

(1946 Bad Wörishofen – 1982 München)

Morgens um fünf wird er in seiner Schwabinger Wohnung auf einer Matratze am Boden gefunden, ein Drogenopfer mit 36 Jahren und eine der faszinierendsten und produktivsten Gestalten der Filmgeschichte. Rainer Werner Fassbinder, Sohn eines Arztes und einer Übersetzerin, wird schon mit fünf von den Eltern als Scheidungswaise beiseite geschoben, führt ein provokativ unordentliches Leben, ohne Abschluss am Münchner Gymnasium. 1964–66 Schauspielausbildung in München, als 22jähriger leitet er das „action theater", experimentiert mit Schiller und Shakespeare. Hat ein anderer in so kurzer Zeit so viele Filme gedreht wie er? In anderthalb Jahrzehnten schleudert ein riesiges mediales Universum heraus: 37 Spielfilme, fast immer nach eigenem Drehbuch, mehrere Fernsehspiele (darunter die Serie *Acht Stunden sind kein Tag* und die zehnteilige Verfilmung von Döblins *Alexanderplatz*), Theaterstücke, Hörspiele. Als Entdecker und Eroberer, als Konquistador der menschlichen Seele vollmundig gefeiert, tritt er im Protest-Look mit Jeans, Netzhemd und Lederjacke auf, ein Anti-Bürger und für seine Freunde ein „wunderbares Ekel" (Hark Bohm). Trotz seiner bravourösen Produktivität und der gesellschaftlichen Aktualität seiner Themen begegnen ihm Filmförderung und Fernsehredaktionen zusehends restriktiver, die „Fassbinder-Familie" der immer wieder eingesetzten Schauspieler löst sich auf. Die postume Premiere seines Stücks über Grundstücksspekulation *Der Müll, die Stadt und der Tod. Eine deutsche Szene* wird von Mitgliedern der jüdischen Gemeinde in Frankfurt verhindert, wegen angeblich antisemitischer Aussage, und kommt erst zwei Jahre später in New York zustande.

■ 34a) Possartstr. 7, 2. Stock links. Wohnung der Mutter Liselotte Eder bis 1993. Hier war der Sitz der Tango-Film Rainer Werner Fassbinder, Fassbinders Produktionsfirma von 1970–1982. Er war hier von 1952–1978 gemeldet. ■ 34b) Ainmillerstr. 5/VII (18) 1966 bis 1968 mit Irm Herrmann und Peer Raben ■ 34c) Nördliche Auffahrtsallee 60 (1966–1968) Irm Herrmann, Ursula Strätz, Peer Raben ■ 34d) Stollbergstr. 9 (1969/70) antitheater-Gruppe ■ 34e) Ottostr. 3 Feldkirchen bei München (1970/71) antitheater-Gruppe ■ 34f) Reichenbachstr. 13 (1974–1978) mit Armin Meier ■ 34g) Clemensstr. 76 (1978–1982) mit Juliane Lorenz

Theaterorte: ■ 34h) Action-Theater, Müllerstr. 12 (1966/67) wurde von der Stadt zwangsgeschlossen (angeblich wegen defekter Stromleitungen). ■ 34i) antitheater, es hatte vorübergehend seinen Spielort im Büchnertheater (1968), Isabellastraße

Studio und Drehorte u.a.: ■ 34j) Bavaria Atelier, Geiselgasteig: es wurden hier Filme gedreht, geschnitten, bearbeitet oder gemischt, z.B. *Despair – Eine Reise ins Licht, Bolwieser, Ich will nicht nur dass ihr mich liebt, Die Ehe der Maria Braun, In einem Jahr mit 13 Monaten, Berlin Alexanderplatz, Lilli Marlen, Lola, Die Sehnsucht der Veronika Voss*
■ 34k) Fassbinder's Lieblingslokal: Die Deutsche Eiche, Reichenbahnstr. 12 (der heutige Ort ist vollkommen erneuert)

Werke (Filme) u.a.: *Katzelmacher* (1969), *Warum läuft Herr R. Amok?* (1970), *Die bitteren Tränen der Petra von Kant* (1972), *Angst essen Seele auf* (1974), *Die Ehe der Maria Braun* (1978), *Lili Marleen* (1980)

35. Lion Feuchtwanger

(1884 München –1958 Los Angeles)

Sohn einer wohlhabenden jüdisch-orthodoxen Fabrikantenfamilie, wächst Feuchtwanger in München auf, studiert dort (und in Berlin), wählt statt erfolgversprechender Universitätskarriere die zeitweise entbehrungsreiche Schwabinger Bohèmefreiheit als streitbarer Theaterkritiker, Dramatiker und – seit der *Hässlichen Herzogin* – erfolgreicher Romanautor. Bekanntschaft und Freundschaft mit Frank Wedekind, Heinrich Mann, Egon Friedell, Bruno Frank, Erich Mühsam, Bert Brecht. Feuchtwanger hält nicht viel von der „Kunststadt München“: „... eine wichtig-macherische, spießbürgerliche Institution, ... im wesentlichen aus Gründen des Fremdenverkehrs beibehalten ...“ Er hat sich auch früh von der jüdischen Orthodoxie abgewendet, engagiert sich für Pazifismus und Sozialismus. 1925 zieht er mit seiner jungen Frau nach Berlin, schreibt dort den zeitkritischen Roman *Erfolg*, der München und Bayern als Schauplatz hat, von vielen als Schlüsselroman über die frühen Umtriebe Hitlers verstanden. Feuchtwanger liebt dennoch seine Heimatstadt, wie er eine der Personen im *Erfolg* sagen lässt: „... Er war in München geboren, niemals aus dieser Stadt herausgekommen. ... Er wußte, dass München eine Bauernstadt war, verknorpelt im Alten, übel reaktionär. Aber dieses Wissen war nur in seinem Hirn, ins Blut war es ihm nie gedrungen. Jetzt mühte er sich, seine Vaterstadt klein zu sehen, schäbig, verächtlich, sie messend an gigantischen Phantasiebildern. Es gelang ihm nicht recht.“ – Lion Feuchtwanger lebte seit 1933 im Exil, starb in den USA.
■ 35a) 1889–1900 St.-Anna-Platz 2 (Gedenktafel) ■ 35b) 1917–24 Georgenstr. 24/III (Neubau)

Werke u.a.: *Die häßliche Herzogin Margarete Maultasch* (1923), *Jud Süß* Roman (1925), *Erfolg. Drei Jahre Geschichte einer Provinz* Roman (1930)

36. Marieluise Fleißer

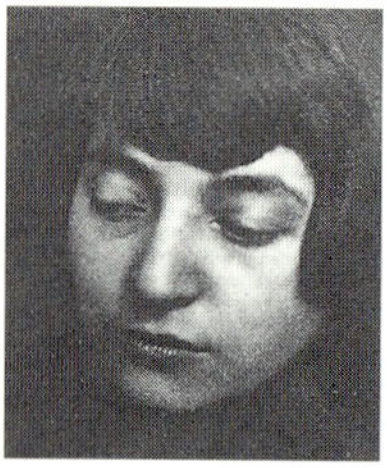

(1901 Ingolstadt – 1974 Ingolstadt)
Aus einfachen Verhältnissen kommt Marieluise Fleißer 1919 nach München, um zu studieren, zunächst mit Förderung der Eltern, die sich für die Tochter bürgerliche Sicherheit als Lehrerin erhoffen. Ihre Theaterbegeisterung führt sie ins Seminar → Artur Kutschers und zu den Bühnen Münchens. Sie lernt 1922 → Lion Feuchtwanger kennen, sieht und liest Stücke von Strindberg, → Wedekind und den *Baal* sowie *Trommeln in der Nacht* des jungen → Brecht, den sie 1924 persönlich kennen lernt. „Sein Einfluss auf mich war so groß, dass er mir das Studium entfremdete", erinnert sie sich 30 Jahre später. Sie schreibt das Stück *Fegefeuer in Ingolstadt* 1924, dem 1926 das Drama *Pioniere in Ingolstadt* folgt. In Berlin wird es 1929 mit Brechts absichtlich vergröbernden Veränderungen aufgeführt, die ein provozierendes Skandalstück daraus machen. Seit 1924 ist die Autorin auf Befehl ihres Vaters wieder in Ingolstadt, heiratet dort, wird von ihrem Mann als Arbeitskraft ausgenützt. Ihr schüchternes, ganz von der hierarchischen Bindung an dominierende Familienstrukturen bestimmtes Wesen – bis zur Selbstverleugnung – lässt sie nicht zur Entfaltung ihrer großen Begabung kommen. Dennoch schreibt sie weiter, wird angefeindet, muss sich in den Hitlerjahren in ihrer kleinbürgerlichen Existenz verstecken, wird erst in den 60er Jahren wiederentdeckt. In ihren Erzählungen verwendet sie Motive ihrer Münchner Zeit.

■ 36) Ainmillerstr. 7

Werke u. a. Dramen: *Fegefeuer in Ingolstadt* (1924), *Pioniere in Ingolstadt* (1929), Erzählungen: *Der Apfel; Moritat vom Institutsfräulein; Ein Pfund Orangen* (1926)

37. Theodor Fontane

(1819 Neuruppin – 1898 Berlin)
Seine journalistische Karriere dümpelt, nach der Rückkehr vom vierjährigen Aufenthalt in England ist der vierzigjährige Fontane noch immer ohne feste Anstellung und Lebensperspektive. Unverzüglich reist er im zeitigen Frühjahr 1859 nach München, als ihm → Paul Heyse die Möglichkeit einer Anstellung am bayerischen Hof signalisiert. Selbstironisch hat er später von den Vorbereitungen zur Audienz bei König Maximilian II. berichtet: „Mit Hilfe von drei Paar wollenen Strümpfen hatte ich meine Füße endlich so dick und elastisch gemacht, dass alle Risse und Falten in meinen Lackstiefeln wie ausgeplättet waren". Das literarisch-politische Gespräch mit Majestät verläuft zu beiderseitiger Zufrieden-

heit, doch aus der Bibliothekarsstellung wird nichts, in Fontanes Augen ist sie ein unterbezahlter Notbehelf. „Meine Neigungen liegen eigentlich nach einer ganz anderen Seite hin", vertraut der „Nordmensch" Fontane seiner Frau an, zur Rückreise entschlossen. „München ist die einzige Stadt in Deutschland, wo Dichter leben können", auch das hat Fontane gesagt, aber er zieht die „Wanderungen durch die Mark Brandenburg" vor.

■ 37) Unterkunft bisher nicht ermittelt.

F

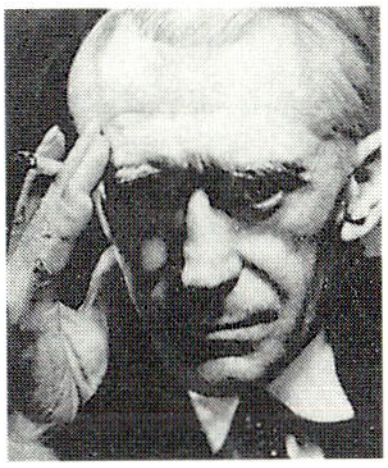

38. Leonhard Frank

(1882 Würzburg – 1961 München)

Der Schlossergeselle aus armem Elternhaus kommt 1905 nach München (bis 1910) und erlebt die Schwabinger Bohème als Schule des Geistes und hitzigen Lebens (intensiv dargestellt im autobiographischen Roman des Siebzigjährigen: *Links wo das Herz ist*). Seine Romane und Erzählungen sind voll pazifistisch-politischer Leidenschaft und auch voll Heimatverbundenheit in Themen und fränkischen Sprachanklängen (*Das Ochsenfurter Männerquartett*, 1927), mit großartiger Fähigkeit zur genauen Milieu- und Stimmungsschilderung: „... daß der Leser sehe und höre, was er lese, dann nämlich müsse er glauben, was er lese". Aus der amerikanischen Emigration kehrt Frank 1950 nach München zurück, klarsichtig und enttäuscht zugleich.

■ 38) Tengstr. 34

Werke u. a.: *Links wo das Herz ist* (1952), *Deutsche Novelle* (1954)

39. Richard Friedenthal

(1896 München – 1979 Kiel)

blickt auf ein ausgefülltes Autorenleben samt Kriegsdienst und erzwungener England-Emigration zurück, als er 1963 mit der Biographie *Goethe – Sein Leben und seine Zeit* weltweit bekannt wird. In München ist er zur Welt gekommen, in München hat er nach dem Ersten Weltkrieg bei Heinrich Wölfflin, Fritz Strich und → Artur Kutscher studiert, in München ist er nach dem Zweiten Weltkrieg noch einmal fünf Jahre im Verlagsberuf tätig gewesen. In seiner so knappen wie kühl brillanten Autobiographie *... und unversehens ist es Abend* erzählt er von der täglichen Wanderung zur Studentenbude in Trudering, „gute zehn Kilometer vor der Stadt ... die Züge fuhren damals, der Kohlenknappheit wegen, nur bis zum Frühnachmittag. Die zwei Stunden Fußmarsch waren bei Regen oder Schneewetter oder des Nachts kein Vergnügen. Ich half mir damit, daß ich auswendig lernte und rezitierte, um mein Gedächtnis zu stärken, auch lange Stücke wie *Die Alpen* von Haller, die fast bis Trudering reichten." Friedenthals Lebenskunst ist mit einer kräftigen Portion von britischem „Common sense" unterfüttert, der dem Unzuträglichen immer noch eine Nutzbarkeit abgewinnt. Ein Gewinn aus dem anfangs bitter harten Londoner Exil ist auch der „Friedenthal-Goethe", die größte seiner vielen Biographien. Denn Friedenthal legt sie nach dem angelsächsischen Typus der „life and times"-Biographie an, statt in scheuer Verehrung des Dichtergenies. Das ist neu in Deutschland, löst eine enorme Resonanz aus, sowohl empörte Anwürfe, nur aus „bösartigster und skandalösester Schmähsucht" könne einer so über Goethe schreiben, wie auch uneingeschränkte Zustimmung: Soviel Zeitszene, Menschlichkeiten, Alltagsgebundenes und Anfälligkeiten Goethes aufzudecken, ohne ihn „im geringsten zu destruieren".

■ 39) Maria-Josepha-Str. 26 (veränderte Zählung, heute nur bis Nr. 15, Friedenthal lebte nach der Emigration meist in London, nur kurz in München)

Werke u.a.: *Das Erbe des Kolumbus. Fünf Novellen* (1950), *Die Welt in der Nußschale* (1956), *Die Party des Herrn Tokaido* (1958), *... und unversehens ist es Abend.* Essays, Gedichte, Fragmente, Würdigung, Autobiographisches (hrsg. von Klaus Piper, 1976)

40. Ludwig Ganghofer

(1855 Kaufbeuren – 1920 Tegernsee)

Nach Studienjahren (zum Teil in München) und Tätigkeit als Theaterdramaturg in Wien zieht er, als die Erfolge seiner literarischen Versuche sich einstellen, 1894/95 nach München, lebt seither teils dort, teils in Tegernsee. Vom Vater, der im höheren Forstdienst tätig war, hat er die enge Verbundenheit zur (bayerischen) Bergwelt, dem Schauplatz seiner bis heute beliebten Romane und Theaterstücke. Unterhaltend und sentimental, melodramatisch spannungsvoll werden sie in Figuren und Handlung zum Vorbild des klischeereichen Heimatromans, in der Sprache oft gekünstelt, auch heroisierend und idyllisierend. Ganghofer ist 1857 Gründungsmitglied der „Litterarischen Gesellschaft" des Ernst v. Wolzogen, der zahlreiche Dichter und Theaterleute angehörten.

■ 40) Steinsdorfstr. 10

Werke u.a.: *Der Herrgottschnitzer von Oberammergau* Drama, Uraufführung München 1880; *Schloß Hubertus* (1895), *Das Schweigen im Walde* (1904), *Lebenslauf eines Optimisten* Autobiographie (1909–11)

41. Emanuel Geibel

(1815 Lübeck – 1884 Lübeck)

Der Dichter ist schon mit romantischen Versen bekannt geworden, als ihn der bayerische König Maximilian II. 1852 nach München beruft, er ist das erste „Nordlicht" – so nennen die Münchner kritisch jene Künstler, die auf Betreiben des Königs Münchens Kulturszene bereichern sollen. Zum Dichterkreis „Das Krokodil" (seit 1865) gehören auch der Historiker → Felix Dahn aus Hamburg, → Paul Heyse, Hermann Lingg aus Lindau und der Mecklenburger Diplomat und Kunstsammler Adolf Friedrich von Schack. Einige der volkstümlichen Liedtexte des Spätromantikers Geibel sind bis heute nicht vergessen, z. B. *Der Mai ist gekommen* und *Wer recht in Freuden wandern will*. Romantische Helden- und Kaiserverehrung veranlaßt ihn, 1868 einen Hymnus auf den preußischen König als künftigen deutschen Kaiser zu veröffentlichen – das führt zum Bruch mit König Ludwig II. Geibels bayerische Jahrespension wird gestrichen, und er kehrt nach Lübeck zurück.

■ 41) Unterkunft bisher nicht ermittelt

Werke u.a.: *Spanisches Liederbuch* (übersetzt mit Paul Heyse, 1852) *Neue Gedichte* (1857), *Münchner Dichterbuch* (1 und 2, 1862 und 1882)

42. Stefan George

(1868 Büdesheim bei Bingen – 1933 Minusio bei Locarno)

Mit ihrem Wohlklang und weihevoller Feierlichkeit bezaubern seine Verse viele aus seiner Generation. George selbst, der Gastwirtssohn aus dem Rheinhessischen, zeigt sich auf allen überlieferten Gemälden, Zeichnungen, Fotos in priesterlicher, ja asketischer Strenge. Stefan George, früh vom französischen Symbolismus, von Begegnungen mit Mallarmé und Verlaine geprägt, entwirft in seinen Versen eine elitär disziplinierte Gegenwelt zu der „geliebten, der modernen, der jetzigen Zivilisation". Ähnlich wie Rilke ist er jahrelang ein unsteter Reisender ohne eigene Wohnung, ein wandernder Guru zwischen London, Paris, Berlin und Turin, Spanien und Kopenhagen. 1893 kommt er nach München und sammelt bald den „George-Kreis" um sich, u. a. Ernst Bertram, Ludwig Derleth, → Friedrich Gundolf, Henry von Heiseler, → Ludwig Klages und → Karl Wolfskehl. Der wenig ältere Maler und Buchkünstler Melchior Lechter stattet die Buchausgaben der George-Dichtungen und die *Blätter für die Kunst* mit erlesenem, jugendstilnahem Ornament und eigener Schrift aus. Wolfskehl nimmt den „Meister" in seinem

Hause in Schwabing auf, wo unter Literaturfreunden die Erinnerung an das spartanische „Kugelzimmer" und die Kostümfeste des George-Kreises noch lebendiger ist als die meisten Gedichte des Meisters. Was er sein wollte, Erzieher einer neuen Jugend, ist George nicht geworden, das nahmen die Hitler-Ideologen in die Hand, im Jahr von Georges Tod. Mancher meinte, es sei der gleiche Weg, und dieses Missverständnis hat George nicht entschieden genug unterbunden. Das „Doppelgift", darf vermutet werden, ist für George die kommerzialisierte Zivilisation – in seinen München-Versen: „Mauern wo geister noch zu wandern wagen / Boden vom doppelgift noch nicht verseucht: / Du stadt von volk und jugend! Heimat deucht / Uns erst, wo Unsrer Frauen türme ragen". Dreizehn Jahre, bis 1906 lebte er zumeist hier.

■ 42a) 1893/94 Heßstr. 9 ■ 42b) 1900–03 Leopoldstr. 51 ■ 42c) 1903 Belgradstr .57 (Pension Fürmann) 42d) 1904–09 Leopoldstr. 87 ■ 42e) 1909–16 Römerstr. 16 (oft als Gast Wolfkehls)

Werke u.a.: *Das Jahr der Seele* (1897), *Der Teppich des Lebens und die Lieder von Traum und Tod* (1900), *Der siebente Ring* (1907)

43. Johann Wolfgang Goethe

(1749 Frankfurt/Main – 1832 Weimar)

bricht nachts um drei in Karlsbad ohne Abschied zu einem Langzeiturlaub auf. Nach zehnjährigem Weimarer Hofdienst ist er den „Druck der Geschäfte" los, endlich unterwegs nach Italien. Er reist inkognito, trägt sich nach der Ankunft in München am 6. September 1786 morgens um sechs als „Jean Philippe Moeller, Maler" im „Schwarzen Adler" in der Kaufingergasse ein. Abends um sechs hat er sein „Münchner Pensum auch absolvirt": die kurfürstliche Bildergalerie am Hofgarten, das „Antiquarium" in der Residenz und das Naturalienkabinett im Jesuitenkolleg, er hat „treffliche Sachen" gefunden und bemerkt, „daß meine Augen auf diese Gegenstände (im Antikenkabinett) nicht geübt sind." Teure Feigen lässt er sich schmecken, den „kalten Wind vom Tyroler Gebirg" spürt er. Die Notiz im Reisetagebuch „Ich stieg auf den Turm von dem sich die Fräulein herabstürzte" bezeugt Goethes Teilnahme an einer Tragödie nach Werther-Art: Vom Turm der Frauenkirche sprang am 14. Januar 1785 die 17jährige Baroness Franziska von Ickstatt in den Tod, weil die Mutter ihre Liebe zu einem Leutnant nicht duldete.

■ 43) „Schwarzer Adler" in der Kaufingergasse

Werke u.a.: *Tagebuch* (in der Werkausgabe der Großherzogin Sophie III. Abt., 1. Band 1775–1787, Weimar 1887) – In der *Italienischen Reise* ist der München-Besuch nicht erwähnt.

44. Claire Goll,
geb. Klara Liliane Aischmann
(1890 Nürnberg – 1977 Paris)

Großbürgerlicher Herkunft („… in Wohnungen mit sieben bis acht Zimmern in besten Stadtgegenden, … eine zahlreiche Dienerschaft hielt Parkett und Messing blitzblank“) durchleidet Clarisse, die sich später Claire nannte, in München eine Kindheit und Jugend voller Misshandlung durch ihre sadistische Mutter. („Sobald Mama das Haus verlassen hatte, war es kein finsterer Tunnel mehr, über dem ein Berg lastete“). Vorm Selbstmord bewahrt sie Julie Kerschensteiner, die Erzieherin, und die Liebe zur Musik. Begegnungen mit dem Verleger Kurt Wolff und Franz Werfel 1912 in Leipzig während ihrer ersten, bald gescheiterten Ehe mit dem Schweizer Heinrich Studer eröffnen die literarische Karriere. 1917 trifft sie in Genf den Elsässer Dichter Yvan Goll, der bis zu seinem Tod 1950 in Paris ihr Lebensgefährte sein wird. 1918 ist sie für wenige Tage noch einmal in München, in der Ainmillerstr. bei → Rainer Maria Rilke. ■ 44a) Leopoldstr. 42 (Haus der Eltern, nach 1945 abgerissen), ■ 44b) 1918, Regina-Palast-Hotel, Maximiliansplatz 5, ■ 44c) 1918, Moltkestr.9 (bei Henriette Hardenberg-Wolfenstein), ■ 44d) 1918 Ainmillerstr. 34 (bei R. M. Rilke)

Werke: unter den vielen, meist französischen Lyrik- und Prosa-Veröffentlichungen gibt der Band *Traumtänzerin – Jahre der Jugend* (1971) Auskunft über die Münchner Jahre, 1976 folgte die Autobiographie *La poursuite du vent,* deutsch *Ich verzeihe keinem. Eine literarische Chronique scandaleuse unserer Zeit.*

45. Joseph Görres
(1776 Koblenz – 1848 München)

wandelt sich vom Anhänger der Französischen Revolution zum führenden katholischen Publizisten und Kulturpolitiker. In Heidelberg lehrt er als Privatdozent, gehört dem Kreis der Romantik mit Achim von Arnim und Clemens Brentano an, in Koblenz gründet er 1814 den *Rheinischen Merkur*. Noch 1819 kann sich Görres einem preußischen Verhaftsbefehl wegen seiner Schrift *Deutschland und die Revolution* nur durch die Flucht nach Straßburg und in die Schweiz entziehen. Dort kehrt er zur katholischen Kirche zurück, und seine Veröffentlichungen zur Volksliteratur, Mythologie, Medizin und Politik tragen ihm 1827 die Berufung auf den Lehrstuhl für „Allgemeine und Litterärgeschichte“ an der Münchner Universität ein. Mit dem Kreis um Görres, seine Zeitschrift *Eos* und die *Historisch-politischen Blätter* wird München unter König Ludwig I. zum aktiven Zentrum eines frühen Kulturkampfs gegen

den Protestantismus und den preußischen Staat. Die „alte Stadt der Mönche“ hat sich Görres schon bei erstem Augenschein in „Eleganz und Classizität ...“ gezeigt. „Gebaut wird ungemein viel, zum Theile gut, im Allgemeinen charakteristischer und auch solider als in Frankfurt. ... Für Kunst und Künstler ist ein unendliches Feld eröffnet; man rechnet, daß wohl 500 Menschen damit beschäftigt sind, und sieht überall Spuren ihres Treibens.“
■ 45a) Brienner Str.40 (Neubau) ■ 45b) Schönfeldstr.

Werke u.a.: *Die teutschen Volksbücher* (1807), *Mythengeschichte der asiatischen Welt* (1810) *Die christliche Mystik* (4 Bände, 1836–42)

46. Oskar (Maria) Graf

(1894 Berg am Starnberger See bis 1967 New York)

Als 17jähriger nach München vor der brutalen Ausbeuterei des älteren Bruders geflohen, entwickelt sich Graf zum schreibenden Revolutionär, volksverbundenen Anti-Nationalisten und kritisch-realistischen bayerischen Erzähler. Er lebt in Schwabing (Freunde u.a. Erich Mühsam, der Maler Georg Schrimpf) und emigriert 1933, kehrt nach 1945 nur für kurze Besuche nach München zurück. „... daß München ... seine zwingende Einmaligkeit nur dann nicht verliert, wenn es seine strotzend gesunde Rustikalität und seine weltoffene, heitere Kunstfreudigkeit stets unverstellt beibehält“ (1962).
■ 46a) Schraudolphstr. 36 /IV (Neubau) ■ 46b) Barerstr. 37: Atelierhaus (Neubau) ■ 46c) Hohenzollernstr. 23/III (Neubau); Grab: Bogenhauser Friedhof

Werke u.a.: *Die Revolutionäre* Gedichte (1918), *Die Chronik von Flechting* Roman (1925), *Das bayerische Dekameron* (1927), *Wir sind Gefangene* Autobiographie (1920–1927)

47. Martin Gregor-Dellin

(1926 Naumburg/Saale – 1988 München)

verlässt 1958 die Deutsche Demokratische Republik, kommt über Bayreuth und Frankfurt/Main nach München, arbeitet als Verlagslektor und lebt nach Erfolgen seiner ersten, die DDR-Wirklichkeit reflektierenden Romane (*Jakob Haferglanz, Der Kandelaber*) seit 1966 als freier Schriftsteller. Mit seinen Büchern über Luther, Wagner und Heinrich Schütz wird er zu einem hochgeschätzten Biographen, im Roman *Föhn* ist München der nicht gerade beschauliche Schauplatz. Zu früh bricht eine unheilbare Krankheit seine Arbeit ab, sein letzter Text ist eine Biographie Bertha von Suttners in einem Reihenwerk über Friedens-Nobelpreisträger. ■ 47) Kochelseestr. 88, Gröbenzell bei München

Werke u.a.: *Unsichere Zeiten* (1969), *Das Riesenrad* (1979), *Im Zeitalter Kafkas* (1979), *Was ist Größe?* (1986)

48. Ferdinand Gregorovius

(1821 Neidenburg/Ostpreußen bis 1891 München)

ist ein klassischer Reiseschriftsteller, noch heute mit Gewinn gelesen von Menschen, denen Orte, die Geschichte haben, Geschichten erzählen können. Seine Wege führen nach dem Studium der Geisteswissenschaften in Königsberg durch Südeuropa, nach Rom und Athen, in den Orient. 1874 kommt er nach München, lehrt an der Universität, schreibt die große Rom-Geschichte, Biographien, Gedichte, Tagebücher, hält sich auch immer wieder in Rom auf. München hat ihm, dem Liebhaber faszinierender geschichtlicher Schauplätze, anscheinend nicht gleich gefallen: „München ist ein großes Dorf, in dem man nicht begraben sein möchte" soll er gesagt haben. Er wird wohl seine Meinung geändert haben, da er so lange ausharrte. ■ 48) Maximilianstr.6, ■ 48b) Barerstr.3 (Neubau)

Werke u.a.: *Wanderjahre in Italien* (5 Bände, 1859–72) Die Geschichte der Stadt Rom im *Mittelalter* (8 Bände, 1859–72), *Die Geschichte der Stadt Athen* (1889)

49. Franz Grillparzer

(1791 Wien – 1872 Wien)

Ungelenk im gesellschaftlichen Leben, voller Selbstzweifel in der von Zensur und Spitzelei vergifteten Metternich-Ära, ist der österreichische Dramatiker gern ins Ausland gereist, u.a. nach Italien, Frankreich, England, Griechenland und mehrmals in Deutschland. Auf der großen Rundfahrt von 1826/27 kommt er nach der aufrührenden Weimarer Begegnung mit Goethe nach München, das „damals im Entstehen" war – nämlich das von Ludwig I. und seinem Architekten Klenze konzipierte Isar-Athen. Der Aufenthalt in München macht Grillparzers „Stumpfsinn ein Ende", er nimmt sich vor, „sogleich an ein neues dramatisches Werk zu gehen ... es sollte überhaupt eine ganz neue Epoche in meinem literarischen Treiben eintreten". Später hinterlässt ein zweiter München-Besuch eine zwiespältige, trübe Erinnerung: „Das alte München gefällt mir in seiner Regsamkeit, das neue sind von vornherein angelegte Ruinen." ■ 49) Unterkunft bisher nicht ermittelt.

Werke u.a.: *Ein treuer Diener seines Herrn* (1828), *Selbstbiografie* (1853)

G

50. Romano Guardini
(1885 Verona – 1968 München)

wird 1948 an die Ludwig-Maximilian-Universität berufen (zuvor in Berlin und Tübingen, 1939 Zwangspensionierung), ein Theologe und Religionsphilosoph, der zugleich ein scharfer Beobachter der literarischen und kulturpolitischen Szene ist. Im überfüllten Auditorium Maximum der Universität und weit über München hinaus wird er zu einer der meistgehörten Stimmen katholischer Erneuerung in der Auseinandersetzung mit der säkularisierten Welt der Moderne. 1953 schreibt er in sein Tagebuch: „... wie ich höre, ist in Bonn entschieden worden, das Farbentragen (Anm. der Red.: der studentischen Verbindungen) sei erlaubt. Jetzt kommt wieder eins nach dem anderen. Restauration in allem. Nichts ist gelernt worden."

■ 50) Kunigundenstr. 51 (Gedenktafel in St.Ludwig, wo Guardini predigte)

Werke u.a.: *Das Ende der Neuzeit* (1950), *Die Macht* (1951), *Gebet und Wahrheit* (1958), *Liturgie und liturgische Bildung* (1966)

51. Friedrich Gundolf,
eigentl. Friedrich Gundelfinger
(1880 Darmstadt – 1931 Heidelberg)

wird als 19jähriger Student in München von → Stefan George in seinen Kreis elitärer Kunst- und Literaturgesinnung aufgenommen und steht George lange Jahre näher als jeder andere, in liebender Verehrung für den Meister. Gemeinsam mit George übersetzt er Shakespeare und dichtet nach Georges Vorbild. Als Literaturprofessor in Heidelberg (seit 1911) lässt Gundolf seinen vielgelesenen Darstellungen über Shakespeare und Goethe u.a. eine Biographie Georges folgen – der idealistisch individualistischen Überzeugung gewiss, dass große Menschen die Geschichte bestimmen und George einer der größten ist. Gundolfs Entschluss zur Ehe mit Elisabeth Salomon provoziert 1917 Georges Protest und die Trennung: „Die art wie Du mir auf knall und fall eine heirat ankündigst als ob es sich um eine lustpartie handelte, hat etwas unmögliches und sezt mich in schwerste unruhe."

■ 51) 1903 mit Stefan George: Belgradstr. 57 (im Gärtnerhaus der Pension Fürmann, Neubau)

Werke u.a.: *Fortunat.* Gedichte (1903), *Zwiegespräche.* Gedichte (1905), *Caesar in der deutschen Literatur* (1904), *Shakespeare und der deutsche Geist* (1911)

52. Hans Habe, eig. János Békessy (1911 Budapest – 1977 Locarno)

Der Redakteur, Journalist, Emigrant und US-Kriegsfreiwillige gründet in München nach Kriegsende als US-Presseoffizier die *Neue Zeitung* (im Haus des Hitler-Blatts *Völkischer Beobachter*, Schellingstr.). 1945/46 leitet Habe namens der amerikanischen Besatzungsmacht von Wiesbaden aus neben anderen Presseorganen, die der Umerziehung der Deutschen dienen sollen, vor allem diese *Neue Zeitung,* die zahllosen Deutschen nach der Isolation unter der Hitler-Propaganda unentbehrlich wird für die neue Wahrnehmung der weltweiten Wirklichkeit. Dabei steht Habe häufig in Opposition zu den politisch verantwortlichen Amerikanern. Er kehrt 1949 nach München zurück und lebt dort über zwei Jahre als Chefredakteur der *Münchner Illustrierten* und des *Echo der Woche,* einer Zeitschrift der Militärregierung. Seine Zeit in München hat Habe in den Unterhaltungsromanen und in seiner Autobiographie (die voller persönlicher moralischer Eingeständnisse ist) oft erwähnt. „Es war der Zauber dieser kleinsten Großstadt der Welt, ... wo sich die Grazie einer träumerischen Residenzstadt mit der Erinnerung an das Tempo Berlins verbindet; ...wo man jeden Augenblick fühlt, daß einen ums Eck das Grün des Allgäu und das Blau der bayerischen Berge erwartet; wo es schließlich so leicht ist, sich mit Menschen ‚zusammenzuraufen', die gar so schroff tun und nichts weniger als schroff sind."

■ 52) Rabenkopfstr. 24 (außerhalb)

Werke u.a.: *Ich stelle mich* (1954), *Off Limits* (1955)

53. Max Halbe (1865 Güttland bei Danzig – 1944 Burg bei Neuötting/Obb.)

Studium in München 1884, nach den ersten überzeugenden Erfolgen als Dramatiker (*Jugend*, 1893, wird zum Kassenschlager) lässt sich Halbe 1895 in München nieder und bleibt, bis kurz vor dem Tod auf seinem Landgut. Seinen Anfangsruhm kann er nicht wiederholen, ist aber lange ein vielgespielter Schauspielautor. Sein Werk führt vom Naturalismus zur metaphysisch überhöhten Denkweise, die durch Geringschätzung der Zivilisation zugunsten des „Echten", „Ursprünglichen" Halbe zum Vorläufer der Blut- und Boden-Heimatliteratur werden lässt. Seine Erinnerungen berichten Interessantes über das München vor und um 1900. 1932 schreibt er: „Selbst heute hat ja München noch manches von einem Dorf oder

G H

von einem lebhaften Marktflecken des Oberlandes, während es zugleich bereits sehr wesentliche internationale und weltstädtische Züge aufweist. ... Eine eigene Note brachte (vor fünfzig Jahren) die Künstlerschaft in die weißblaue Palette der Stadt. Da bei einer ungefähren Anzahl von dreitausend Angehörigen der bildenden Kunst jeder siebzigste Mensch in München ein Maler oder Bildhauer oder Zeichner war und ein ähnliches Zahlenverhältnis bereits seit einem Menschenalter bestand, so konnte es nicht ausbleiben, dass das gesamte Münchner Leben gleichsam mit Kunst imprägniert und durchtränkt war. ... Ein besonders wirksames Bindemittel zwischen Volk und Malertum war das Modellwesen, versteht sich, das weibliche."

■ 53a) 1884 Theresienstr. 5 (Neubau) ■ 53b) 1904–36 Wilhelmstr. 2 (verändert, Baulücke) ■ 53c) 1936–44 Martiusstr. 6 (Gedenktafel)

Werke u.a.: Dramen: *Mutter Erde* (1897), *Der Strom* (1904), Erinnerungen: *Scholle und Schicksal* (1933), *Jahrhundertwende* (1935)

54. Wilhelm Hausenstein

(1882 Hornberg/Schwarzwald bis 1957 München)

Als einer der vielen, die vom „leuchtenden München" angezogen werden, findet der Student aus dem Badischen seit 1903 in München seine Wahlheimat, promoviert, schließt mit dem jungen Theodor Heuss Freundschaft, entscheidet sich für die Existenz des freien Publizisten, reüssiert als einer der hellsten Köpfe seiner Generation, ist Autor, Herausgeber, Redakteur (u.a.der *Frankfurter Zeitung*). 1943 Berufsverbot. Über die Stadt München sagt Hausenstein Zukunftsgültiges: „Das eigentliche Geheimnis ihres Reizes wie ihrer Fruchtbarkeit ist: die Vollmacht, alles Herankommende, von woher immer es sei, in das Gemeinsam-Münchnerische einzuschmelzen – in ein München, das weltbürgerlich zu sein vermag ..." (1947). In späten Jahren, 1950–55, wird Hausenstein erster Generalkonsul und Botschafter der jungen Bonner Bundesrepublik in Paris.

■ 54a) 1910/11 Viktor-Scheffel-Str. 10 ■ 54b) 1913/14 Tengstr. 26 (Neubau) ■ 54c) 1915–19 Hohenzollernstr. 83 ■ 54d) 1919 Leopoldstr. 10 (Gedenktafel) ■ 54e) 1926–32 Ohmstr. 20. Seit 1932 Wohnsitz in Tutzing/Starnberger See. Grab: Friedhof Bogenhausen (Neuberghauserstr., St.Georg)

Werke u.a.: *Der Bauern-Bruegel* (1910), *Der nackte Mensch in der Kunst aller Zeiten und Völker* (1913), *Die bildende Kunst der Gegenwart* (1914), *Das Karl Valentin Buch* (1932), *Lux perpetua* autobiographischer Roman (1947), *Zwiegespräch mit Don Quichote* (1948), *Tagebücher* (1952–57)

55. Friedrich Hebbel

(1813 Wesselburen/Holstein – 1863 Wien)

wandert 1836 zu Fuß nach München, zum Studium ausgestattet mit den Ersparnissen seiner Hamburger Geliebten Elise Lensing. Er hungert sich durch, oft gerettet von der Gutmütigkeit seiner Münchner Freundin, der Tischlerstochter Beppi Schwarz, hört die Professoren → Joseph Görres und → Friedrich Wilhelm Joseph Schelling, ihm wird dabei klar, dass nicht die Philosophie, sondern die Literatur seine Stärke ist: „In München reifte der Dichter in mir." Gedichte entstehen im Englischen Garten, er schreibt an der *Judith* und findet die Idee zu seiner *Maria Magdalene* durch den Ärger, den sein Hauswirt mit dem leichtsinnigen Sohn hat. Einsamkeit und Verzweiflung ergreifen Hebbel vor den düsteren Szenen einer Choleraepidemie, die Lebensbejahung des Bockbierfestes begeistert ihn: „Diese heitere Verschlingung aller Stände zu einem Ganzen zeichnet München ... gar vorteilhaft aus". Das Geld reicht nicht einmal fürs Diplom, im März 1839 geht Hebbel wieder nach Hamburg, zu Fuß. Er kommt in besseren finanziellen Verhältnissen 1852 für sechs Wochen zurück, nun bekannt als Dichter des Dramas *Judith*. Die Anreise von Wien dauert bei „heftigstem Schneegestöber ... und Zähnklappern" zweieinhalb Tage, und als der Postwagen um Mitternacht in München eintrifft, muss noch eine Viertelstunde unter freiem Himmel auf das Gepäck gewartet werden. Hebbels *Agnes Bernauerin* wird vor überfülltem Haus aufgeführt und gefeiert, obwohl fast alle Rollen „furchtbar schlecht" gespielt wurden. Hebbels Gegner greifen das Stück heftig an, missverstehen es als Anspielung auf die Abdankung König Ludwigs I. nach dem Lola-Montez-Skandal. Aber Hebbel bleibt in Verbindung mit König Maximilian II., dem er 1863 in einem Brief versichert, er betrachte München „als meinen zweiten Geburtsort."

■ 55a) 1836 Luitpoldstr. 3 (damals Sommerstr.) ■ 55b) 1838–39 Landwehrstr. 10 (Neubau)

Werke u. a.: Dramen: *Judith* (1841), *Maria Magdalene* (1844), *Agnes Bernauer* (1852)

56. Ernst Heimeran

(1902 Helmbrechts/Oberfranken bis 1955 München)

gründet nach dem Studium in München (seit 1912) mit minimalen Mitteln den Heimeran Verlag, der mit seiner zweisprachigen Tusculum-Reihe bei Liebhabern antiker Dichtung hohes Ansehen gewinnt. Schwabinger Geist beflügelt andere, aufs Heitere gestimmte Verlagsproduktionen – darunter auch Heimerans eigene Bücher – wie auch die Feste, die zu Anfang der 20er Jahre in dem mit Matratzen ausgelegten Verlagsbüro am Englischen Garten gefeiert werden. „... antike Öllampen brannten bis zum Morgengrauen; der Wein floss in Strömen. Es war Heidelbeerwein, aus finanztechnischen Gründen, in Chiantiflaschen umgefüllt und künstlerisch als Cäcuber und Falerner etikettiert. Die Folgen waren entsetzlich ...".

■ 56) Dietlindenstr. 44 (verändert wegen Schnellstraße)

Werke u. a.: *Spielbuch für Erwachsene* (1935), *Der Vater und sein erstes Kind* (1938), *Büchermachen. Geschichte eines Steckenpferdes* (1947)

57. Heinrich Heine

(1797 Düsseldorf – 1856 Paris)

Als Redakteur von Cottas *Neuen politischen Annalen* geht der Dichter des *Buchs der Lieder* im November 1827 nach München, mit hochgespannten Erwartungen auf eine Professur an der im Jahr zuvor von Landshut nach München verlegten Universität. Doch Heine hat zu viele katholisch-konservative Prominente vor den Kopf gestoßen, nennt sich selbst einen „Liberalenhäuptling" und bekommt von den Ultramontanen Steine in den Weg gelegt. Nur wenig und Widersprüchliches schreibt er über München, der „barbarische Dom" erscheint ihm „in stiefelknechtlicher Gestalt" und Münchens Lob als neues Athen „etwas ridikül" – bei aller Hochschätzung der „heiteren Kunsttempel und edlen Paläste, die in kühner Fülle hervorblühen aus dem Geiste Klenzes, des großen Meisters." Im Juli 1828 macht Heine sich auf nach Genua und zu den Bädern von Lucca.

■ 57) Hackenstr. 7 (Radspielerhaus, mit Gedenktafel). Gedenktafel am Gartenhaus Möhlstr. 41. Brunnendenkmal von Toni Stadler (1962) an der Galeriestr., Finanzgarten.

Werke u. a.: *Die Reise von München nach Genua* (1828), *Reisebilder I-IV* (1826–31)

58. Thomas Theodor Heine

(1867 Leipzig – 1948 Stockholm)

beginnt als Landschaftsmaler in München und arbeitet fast vier Jahrzehnte (von der Gründung 1896 bis 1933) an der aufmüpfigen Satire-Zeitschrift *Simplicissimus* mit, als Zeichner und als „kritischer Geist der Redaktion". Ansehen und Erfolg des *Simplicissimus* wachsen gewaltig, als sein Verleger Albert Langen, Thomas Theodor Heine und Frank Wedekind wegen Majestätsbeleidigung Kaiser

Wilhelms II. vor den Kadi kommen; Heine wird zu Festungshaft „begnadigt". Nach dem Reichstagsbrand 1933 muss Heine, Sohn eines jüdischen Fabrikanten, unter beschämenden Umständen ins Exil flüchten, nach Prag, dann nach Norwegen, schließlich noch als 75jähriger über die „grüne Grenze" nach Schweden.

■ 58a) 1894–1901 Theresienstr. 148, Rückgebäude (verändert, Ruinengrundstück) ■ 58b) 1901–1918 Atelierhaus in der Künstlerkolonie München-Gern, Klugstr. 78, später 58 ■ 58c) 1914 Kauf eines Wohnhauses in Diessen am Ammersee, seit 1918 dort.

Werke u. a.: *Märchen* (1935), *Ich warte auf Wunder* Roman (1944)

59. Paul Heyse, seit 1910 „von Heyse"
(1830 Berlin – 1914 München)

H

Auf dringliche Empfehlung seines Mentors → Geibel 1854 von König Maximilian II. nach München berufen, richtet sich der junge Herr mit diplomatischem Takt und fleißiger Schriftstellerei in der Münchner Hofgesellschaft ein. Als eine „in fröhlichem Aufschwung begriffene lachende Stadt" heimelt ihn München an: „... so ging ein Hauch von fröhlicher, warmer Sinnlichkeit durch alle Schichten der Gesellschaft, ein wenig phäakenhaft, doch nicht in unfruchtbares ‚süßes Nichtstun' ausartend, da eben auf dem Boden, wo Leben und Lebenlassen der Wahlspruch der gesamten Bevölkerung war, jene großen künstlerischen Taten geschahen, denen das heutige München seinen Rang als erste deutsche Kunststadt verdanken sollte." Dem erfolgsverwöhnten Zugereisten schlägt freilich Kühle entgegen: „... empfing mich eine unfreundlich, wo nicht feindselig gesinnte Schar einheimischer Kollegen, deren Verhalten gegen den Fremdling seinen Charakter stählte und ihn dazu trieb, stets sein Bestes zu geben." Aus dem „literarischen Wunderkind" an der Spree wird so dennoch fast problemlos der Lieblingsdichter des saturierten Bürgertums in ganz Deutschland, ein Münchner Ehrenbürger und bayerischer Staatsdichter, dem nicht nur das Adelsprädikat verliehen, sondern aus Stockholm auch der Literatur-Nobelpreis zuerkannt wird – als erstem deutschen Dichter. Heyse setzt sich für Autorenrechte ein, verweigert sich kaum je einem Wunsch nach literarischer Protektion. Für die Ausdruckskräfte des Naturalismus und Expressionismus kann er jedoch kein Verständnis aufbringen und gerät mit seinem klischeebefrachteten Klassizismus und Goethe-Epigonentum schon zu Lebzeiten ins Abseits.

■ 59) Wohnung und Sterbehaus: Luisenstr. 22 (neue Zählung)

Werke u. a.: *L'Arrabbiata*, Novelle (1855), *Kinder der Welt*, Zeitroman (1873), *Don Juans Ende*, Trauerspiel (1883), *Jugenderinnerungen und Bekenntnisse* (1900)

60. Wolfgang Hildesheimer

(1916 Hamburg – 1991 Poschiavo/Graubünden)

hat unter seinen Vorvätern „Generationen von Rabbinern“, führt im aufgenötigten Exil der Hitler-Zeit ein umgetriebenes Leben, kommt aber nach dem Ende des Zweiten Weltkriegs nach Deutschland zurück und arbeitet als Simultandolmetscher bei den Nürnberger Kriegsverbrecherprozessen. Künstlerisch (Malen, Design) wie literarisch begabt, lebt Hildesheimer erst in Ambach am Starnberger See (1949–53), dann in München. Sein Erstlingsroman *Paradies der falschen Vögel* nimmt 1953 die Leser mit kühler Leichthändigkeit für sich ein, mit den *Aufzeichnungen über Mozart* schlägt Hildesheimer 1956 ein Hauptthema seines Lebens an, die Musik Mozarts, als Gegenwelt zu den absurden Schrecken der eigenen Erfahrung. Im gleichen Jahr verlässt er München, sucht seinen Lebensort in der Schweiz, in Graubünden. ■ 60) 1953–1956 Kufsteiner Platz 4

Werke u. a.: *Der Drachenthron*. Drama (1955, später Neufassung *Die Eroberung der Prinzessin Turandot*), *Ich trage eine Eule nach Athen* (1956)

61. Ernst Hoferichter

(1895 München – 1966 München)

preist seinen Geburtsort, den Viktualienmarkt, als Paradies: „Jenseits der Schrannen, Peterskirche und vom Heiligen-Geist hört die Welt auf. Dazwischen aber duftet es nach Rosen, Rettich, Nelken, Gansjung, Paprika und nach Kabeljau.“ In den schwierigen Jahren nach dem Ersten Weltkrieg tritt er als Fotograf in Münchner Bierkellern auf, wird Schauspieler und Kabarettist, kurzfristig Filmstar und Pressechef beim Zirkus, hört zwischendurch Vorlesungen über Literatur und Philosophie, Psychologie und Psychiatrie, bildet sich als Schüler von → Ludwig Klages zum Graphologen aus. Von Fernweh getrieben, geht der Simplicissimus-Mitarbeiter Hoferichter ein Jahrzehnt auf Weltreise, bevor er 1933 ins Hitler-München zurückkehrt. Mit Schreibverbot belegt, wird er „öffentlich beeidigter Schriftsachverständiger“. In der Nachkriegsära ist der Meister des Feuilletons und der kurzen Erzählung einer der beliebtesten Schwabinger Literaten.

■ 61) Mottlstr. 21 (Gedenktafel); Grab: Ostfriedhof. Seit 1975 Ernst-Hoferichter-Preis.

Werke u. a.: *München – Stadt der Lebensfreude* (1957), *Jahrmarkt meines Lebens* Autobiographie; Karl Ude (Hrsg.) *Das Ernst-Hoferichter-Buch* (1977)

62. Ödön von Horváth

(1901 Sušak bei Fiume/Rijeka – 1938 Paris)

1929 beschreibt der Sohn eines Diplomaten sich selbst: „... bin in Belgrad, Budapest, Preßburg, Wien und München aufgewachsen und habe einen ungarischen Paß ... ich bin eine typisch altösterreichisch-ungarische Mischung: magyarisch, kroatisch, deutsch, tschechisch – mein Name ist magyarisch, meine Muttersprache ist deutsch ...“ Er verbringt zwei Gymnasialjahre, später etwa drei Universitätsjahre in München, ist danach häufig in den elterlichen Wohnungen in München und Murnau zu Gast. In die Münchener Zeit fallen seine ersten literarischen Versuche. In späteren Werken verarbeitet er hier Beobachtetes und Erlebtes. Erst nach 1926 und von Berlin aus kommt Horváths Durchbruch als Dramatiker, er wird 1931 mit dem Kleist-Preis ausgezeichnet. Seine Stücke legen die kleinbürgerlichen Wurzeln des Faschismus bloß. 1933 muss er emigrieren, danach dauert es rund 30 Jahre, bis deutsche Bühnen sich wieder seiner Dramen erinnern.

■ 62a) Wohnung (seiner Eltern): Prinzregentenstr. 24 (1909–13) ■ 62b) 1914–1918 Widenmayerstr. 43

Werke u.a.: *Das Buch der Tänze* (1922), *Italienische Nacht* (1930)

63. Ricarda Huch

(1864 Braunschweig – 1947 Schönberg im Taunus)

Die Schriftstellerin und Historikerin zieht 1911 in das Rückgebäude Kaulbachstr. 35, wo sie eines ihrer wichtigsten Werke schreibt, aber auch Phasen der Depression und des Verzettelns „im Haushalt“ erlebt. Dennoch war sie anerkannt und hochgeachtet, 1924, zu ihrem 60. Geburtstag, schrieb Thomas Mann: „... denn nicht nur die erste Frau Deutschlands ist es, die man zu feiern hat, es ist wahrscheinlich heute die erste Frau Europas.“ Aus ihren Aufzeichnungen aus den Tagen der Räterepublik: „Die Arbeiter ... verstanden Eisner nicht, sowenig wie er sie verstand. Wie sollten sie auch? Es war kein Tröpfchen und Körnchen königlich-bayerischer Gemütlichkeit, Roheit, Schlamperei und Gutmütigkeit in ihm, er war ein abstrakter Moralist.“ Nachdem sie 1927 zur Tochter nach Berlin gezogen war, trauert Ricarda Huch: „... in München war's eben so wunderschön und bequem wie ein alter Handschuh, der einem passt.“ ■ 63) Kaulbachstr. 35 Dachwohnung (Neubau)

Werke u.a.: *Der große Krieg in Deutschland* (1912/14, späterer Titel: *Der 30jährige Krieg*), *Der Fall Deruga* (1917)

64. Henrik Ibsen

(1828 Skien/Norwegen – 1906 Kristiania/Oslo)

Nach Theaterarbeit in Norwegen und Aufenthalten in Rom und Dresden lebt Henrik Ibsen von 1875 bis 1880 in München, dessen Atmosphäre er sofort schätzt, so dass er nach einem zweiten römischen Aufenthalt 1885 wiederkehrt und weitere sechs Jahre bleibt. München wird Ibsen „eine schöne zweite Heimat". Er ist ein regelmäßiger Caféhausbesucher, nimmt aber sonst kaum am gesellschaftlichen Leben teil, fleißig arbeitend und lesend schafft er seine wichtigsten Werke. Sie kritisieren die Gesellschaft, den Hang zu Heuchelei, Angepasstheit und Vorurteil und bringen dem Autor Weltruhm. Ibsen wird der meistgespielte Theaterdichter seiner Epoche. In der Sommerfrische im Tiroler Gossensaß verliebt er sich in die viel jüngere Wienerin Emilie Bardach, deren Person er im Drama *Hedda Gabler*, das in München entsteht, verewigt. Leider wird die Uraufführung des Stückes in München 1891 zum Theaterskandal. Ibsen kehrt in seine norwegische Heimat zurück und schreibt an seine Münchner Vertraute Helene Raff: „Wie gerne wäre ich wieder dort unten, denn dort bin ich doch so innerlich daheim". ■ 64a) Schönfeldstr. 17 ■ 64b) Schellingstr. 53 (Neubau) ■ 64c) Amalienstr. 50a ■ 64d) Amalienstr. 53 ■ 64e) 1885–1891 Maximilianstr. 32 (Gedenktafel), nahe Ibsens Stammcafé Maximilian

Werke u. a.: *Peer Gynt* (1876), *Nora oder ein Puppenheim* (1879), *Rosmersholm* (1886), *Die Frau vom Meer* (1888), *Hedda Gabler* (1890)

65. Jean Paul

eig. Johann Paul Friedrich Richter (1763 Wunsiedel/Fichtelgebirge bis 1825 Bayreuth)

ist im Sommer 1820 vier Tage mit der Postkutsche unterwegs, von Bayreuth zu einem Sieben-Wochen-Besuch im „glänzend-gebaueten" München. Leider hat der vielgelesene Autor der *Flegeljahre* und des *Titan* in Briefen wie im Tagebuch viel zu granteln: „Im ganzen Jahre hab' ich nicht so verdrießliche Tage gehabt als die Mehrzahl meiner hiesigen gewesen. Den blauen Himmel ersetzt mir keine Stubendecke. Rundum gäb' es schöne Dörfer und Plätze, wenn man hinkönnte. Außerdem vergällt der Regen das Ausgehen." Für die angebotene gutbezahlte Stelle bei der Akademie fühlt sich der kränkelnde 57jährige zu alt, an der königlichen Tafel ist trotz freundlichsten Empfangs bei Max I. Joseph kein Platz für ihn, und zum Erstaunen der

Freunde ist er nur zweimal in der Oper gewesen, am letzten Tage nur kurz in der Gemäldegalerie und nie in der Bibliothek. Seine Freude ist der Sohn Max, der in München studiert – dem Vater macht er „das ungemütliche München zur halben Heimat". ■ 65) damals Rochusgässchen 1453 (Neubau)

Werke u.a.: *Der Komet.* Erzählung (1820–22), *Sellina, oder die Unsterblichkeit der Seele* (1827)

66. Franz Kafka

(1883 Prag – 1924 Kierling bei Wien)

fährt am 10. November 1916 von Prag nach München, zu einer Lesung in der Galerie Goltz, in der Reihe „Abende für neue Literatur". Kafka hat das Manuskript der noch ungedruckten Erzählung *In der Strafkolonie* an Goltz geschickt, bereitet die Reise monatelang vor – zwischen zermürbenden, rasenden Kopfschmerzen, Selbstmordphantasien und den Plänen für das Treffen mit der geliebten Felice Bauer. Mit ihr hat er sich im Sommer in Marienbad „inoffiziell" verlobt und ein gemeinsames Leben nach dem Krieg in Berlin verabredet. Fast kein Tag, an dem kein Brief an sie geht, meist ein langer Brief. Sie wird aus Berlin kommen, er aus Prag, sie werden Zeit gemeinsam haben. Doch wird die Lesung mit den folgenden Besprechungen „ein großartiger Misserfolg", und mit Felice kommt es zu einem Streit. Kafka, voller Selbstvorwurf vier Wochen später an sie: „Ich habe mein Schreiben zu einem Vehikel nach München, mit dem ich sonst nicht die geringste geistige Verbindung habe, mißbraucht, und habe nach 2jährigem Nichtschreiben den phantastischen Übermut gehabt, öffentlich vorzulesen ...". Im Prager Winter beginnt er wieder zu schreiben, u.a. *Der Landarzt, Auf der Galerie, Ein Brudermord.* ■ 66) Wohnung: vermutlich Hotel Bayerischer Hof, Promenadeplatz 2–6

67. Erich Kästner

(1899 Dresden – 1974 München)

Als Erich Kästner 1945 nach dem Ende des Zweiten Weltkriegs in München Zuflucht findet, hat er ein Leben als Verfasser engagierter, politik- und gesellschaftskritischer Gedichte und pointierter Texte hinter sich. Aber das lag zwölf Jahre zurück, während der Hitlerdiktatur gehörte er zu den Verfemten, Verbotenen, hatte unter Pseudonym u.a. Filmdrehbücher geschrieben. 1946 beobachtet er „Münchner Alltag": „In zugigen Torbögen, in fensterlosen Ladenecken, an wackligen Tischen mitten auf den Straßen hielten traurige Gestalten Lockenwickler feil, Fleckenwasser, eiserne Streichholzhülsen, Feuersteine, Knöpfe und klägliches Spielzeug. Es hätte mich nicht gewundert, wenn leicht zu rührende Passanten beim Anblick von soviel Armseligkeit in Tränen ausgebrochen wären." Trotzdem hat Kästner dem Trümmerfeld München schon 1945 eine „einmalige Chance" diagnostiziert, ein deutsches Kulturzentrum zu werden – und wird selbst Feuilletonchef der tonangebenden *Neuen Zeitung*, schreibt für die Kabaretts „Die Schaubühne" und „Die kleine Freiheit" (zu dessen Gründern zählte er auch) und knüpft mit vielgelesenen *Romanen für Kinder* an seine Erfolge in dieser Sparte aus den 30er Jahren an *(Emil und die Detektive)*. Er paart moralisierende Aussagen mit Humor, ist deswegen und wegen der Darstellung idyllisierter Bürgerlichkeit beliebt. Kästner war langjähriger Präsident des bundesdeutschen PEN.

■ 67a) bis 1953 Fuchsstr. 2 ■ 67b) Flemingstr. 52
■ 67c) Sitz der *Neuen Zeitung:* Schellingstr. 35–43
Grab: St. Georg, Friedhof, Neuberghauserstr.

Werke u.a.: *Das doppelte Lottchen* (1949), *Die kleine Freiheit* Chansons und Prosa (1950), *Kurz und bündig* Epigramme (1950), *Die Schule der Diktatoren* Komödie (1957), *Als ich ein kleiner Junge war* (1958)

68. Gottfried Keller

(1819 Zürich – 1890 Zürich)

Von 1840–42 ist der junge Schweizer in München, um seine Ausbildung zum Maler weiterzuführen. In zwei entbehrungsreichen Jahren der Selbstfindung – er hat wenig Geld, und das Leben in München ist farbiger, aber auch teurer, als es sich der vaterlose Keller vorgestellt hat – wird er sich bewusst, dass er mehr Talent zum Schreiben als zum Malen habe. „Dazu kam", schreibt er später, „dass ich durch die Stoffe der vielen Kunstwerke, die ich in München sah, auf die poetische Literatur geführt wurde." Im Roman *Der Grüne Heinrich*, den er kurz nach seiner Rückkehr nach Zürich beginnt, finden sich die Münchner Erlebnisse und das Bild der von Keller nur 1872 noch einmal besuchten Stadt: „griechische Giebelfenster und gotische Türme". Das vielzitierte Sonett-Bruchstück „Ein liederliches, sittenloses Nest / Voll Fanatismus, Grobheit, Kälbertreiber, / Voll Heil'genbilder, Knödel, Radiweiber" zeugt von einer düsteren München-Stunde. Der Mutter lobt er die Münchner als „höflich und gefällig".

■ 68a) Neuhauserstr. 22 (Neubau) ■ 68b) Lerchenstr. 40 (Neubau, heute Schwanthalerstr.) ■ 68c) Schützenstr. 3 (Neubau)

Werke u.a.: *Der Grüne Heinrich* (4 Bände, entstanden 1843 bis 1855)

69. Eduard Graf von Keyserling (1855 Schloss Paddern/Kurland bis 1918 München)

findet nach Studienjahren in Wien und Italien seine zweite Heimat in München und wird im legendären Schwabinger Bohème-Treff Café Stefanie (=Café Größenwahn, Amalienstr. 25) zum Stammgast. Noch 1943 angesichts des bombenzerstörten Cafés erinnert sich Hans Carossa, wie der „seelenkundige Erzähler aus Kurland“ mit Freunden unter dem Lüster Tee trank, „bequem und elegant angezogen ... und über den eigenen Zustand hinweglächelnd.“ Ein Genießer des Lebens und witziger Plauderer, überspielt er sein Rückenmarksleiden, das ihn lähmt und im Rollstuhl erblinden lässt. In seinen Romanen schildert er die untergehende Welt des baltischen Adels, in Dekadenz und Selbstdisziplin, in Melancholie und Lebenshunger. ■ 69a) 1895 Arcisstr. 44 ■ 69b) 1895–99 Rambergstr. 3 (verändert) ■ 69c) 1900 Schellingstr. 3 (Neubau) ■ 69d) 1901–18 Ainmillerstr. 19 (Neubau)

Werke u. a.: *Beate und Mareile* (1903), *Dumala* (1908), *Wellen* (1911), *Abendliche Häuser* (1914), *Fürstinnen* (1917)

70. Heinar (Heinrich Mauritius) Kipphardt (1922 Heidersdorf/Schlesien, – 1982 München)

Schwierige Jugend: der Vater ist unter dem Hitlerregime als Sozialdemokrat viele Jahre im KZ, der junge Kipphardt gerät in die Kriegsmaschinerie des Ostfeldzugs und desertiert im Januar 1945. Der approbierte Mediziner findet 1949 einen Dramaturgenplatz am Deutschen Theater im DDR-Berlin und weicht 1959 wegen der wieder straff ideologischen Spielplangestaltung in die Bundesrepublik aus. Von 1961 an ist er in München, schreibt Dokumentarstücke, Fernsehspiele und Bearbeitungen, wird einer der führenden Autoren des modernen Dokumentartheaters. Kipphardt versteht seine Theaterarbeit politisch, mit gezielter Provokation: „ich störe, also bin ich“. 1970/71 wird er Chefdramaturg an den Münchner Kammerspielen, nach einer skandalösen Auseinandersetzung wegen eines provokativen Progammheftes muss er seine Tätigkeit dort beenden. Von 1972 an lebt und arbeitet er nördlich von München in dem winzigen Weiler Angelsbruck. ■ 70a) 1961–63 Lilienstr. 17, Ottobrunn ■ 70b) 1963–72 Goteboldstr. 54, Untermenzing

Werke: *Der Hund des Generals* (1962), *In der Sache Robert J. Oppenheimer* (1964), *Joel Brand* (1965), *Die Soldaten Komödie nach J.M.R. Lenz* (1968), *Sedanfeier* (1970), *März* Roman (1975), *Bruder Eichmann* (1983)

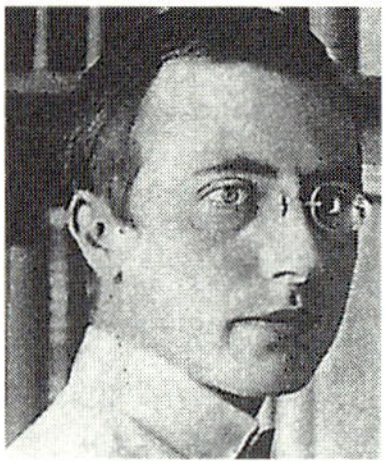

71. Klabund eigentl. Alfred Henschke, (1890 Crossen/Oder – 1928 Davos/Schweiz) „Seitdem ich langsam sterbe, bin ich Dichter geworden", notiert der Apothekersohn aus der Provinz. Schon als 16jähriger tuberkulosekrank, lebt er rauschhaft und leidenschaftlich, ein Liebling der Frauen, atemlos produktiv als Lyriker, Dramatiker, Romancier. Der Kritikerpapst Alfred Kerr entdeckt die wüst genialischen Verse des 23jährigen, Karl Valentin tritt mit Klabund auf, Tucholsky bewundert ihn. „Es ist fünf Uhr früh / Der junge Tag schwingt seinen gelben Hut / Zwischen Wolken hervor. / Wir wandern durch die Leopoldstraße / Die Pappeln stehen steif ..." dichtet der Student Klabund in Schwabing für die Tänzerin Marietta, pendelt zwischen München (wo er den „Theaterprofessor" Artur Kutscher hört), Berlin und immer wieder den Lungenheilstätten. Zu seinen stärksten Erfolgen werden Nachdichtungen ostasiatischer Gedichte und Dramen – Klabunds *Kreidekreis* inspiriert Brecht zum *Kaukasischen Kreidekreis.* ■ 71) Kaulbachstr. 56

Werke u. a.(über siebzig Titel!): *Morgenrot! Klabund! Die Tage dämmern!* Gedichte (1913), *Li Tai Pe,* Gedichte (1916}, *Bracke.* Roman (1918), *Die Harfenjule* (1927). Über Klabund in Schwabing: *Marietta di Monaco* (Marie Kirndörfer): *Ich kam – ich geh* (1962)

72. Ludwig Klages
(1872 Hannover – 1956 Kilchberg bei Zürich) ist eine tonangebende Persönlichkeit im Schwabinger Kreis der „Kosmiker", dem in den Jahren 1899–1904 teils die gleichen Personen angehören wie dem George-Kreis – u.a. → Wolfskehl und der Mythenforscher Alfred Schuler. Klages, früh mit → Franziska zu Reventlow befreundet, ursprünglich Chemiker, dann Philosoph und Psychologe, leistet die wissenschaftliche Begründung der Graphologie, kommt von dort zu Arbeiten über Ausdrucks- und Charakterkunde und lehrt eine „biozentrische" Lebensanschauung, im Gegensatz zur rationalen, „logozentrischen" – mit alledem esoterischen wie ökologischen Strömungen der zweiten Hälfte des 20. Jahrhunderts weit voraus, allerdings auch der „völkischen" Ideologie der Nationalsozialisten nahe. Klages, den Ernst Bloch respektlos den „kompletten Tarzan-Philosophen" genannt hat, erinnert als alter Mann seine Münchner Jahrzehnte: „... das ungeahnte Bild eines gleichsam geweihten Müßigganges: die schönschreitenden Frauen, deren königliche Haltung nicht schalkhaften Blicken und dem erwidernden Lächeln wehrte – die lässig und beinahe schlendernd sich bewegenden Männer, von denen die

meisten doch ihren Geschäften nachgingen – die Steinklopfer, Maurer, Poliere (mit den Maßkrügen neben sich), deren Arbeitsspannen hinter den Arbeitspausen zurückblieben."
■ 72a) Heßstr. 34 (Pension, ab 1893) ■ 72b) 1901–09 Leopoldstr. 119 (Neubau, damals Schwabinger Landstr.30) ■ 72c) 1909 Destouchesstr. 3 (Neubau) ■ 72d) 1910–18 Leopoldstr. 153

Werke u.a.: *Handschrift und Charakter* (1917), *Der Geist als Widersacher der Seele* (3 Bände, 1929–32)

73. Franz Ritter von Kobell
(1803 München – 1882 München)

Vater und Großvater waren angesehene Maler, der Sohn und Enkel wird Mineraloge und Mitglied des Münchner Dichterkreises um König Maximilian II. Denn der Professor publiziert nicht nur eine „Charakteristik der Mineralien", er sammelt im Oberland Volkslieder und Schnadahüpferln, dichtet im Dialekt und wird zum „Schöpfer und ersten Meister der Mundartliteratur" (Hans F. Nöhbauer). Haltbaren Nachruhm brachte ihm die *G'schicht' von' Brandner-Kasper* (1871) ein, in Gestalt des von Kobells Urgroßneffen Kurt Wilhelm verfassten Bühnenstücks: *Der Brandner Kaspar und Das ewig' Leben* (1975) avancierte zum gemütvollen Dauerbrenner bayerischer Bühnen. ■ 73) Wohnung bisher nicht ermittelt, Grab auf dem Alten Südfriedhof; Büste in den Maximilians-Anlagen südlich des Maximilianeums

K

Werke u.a.: *Gedichte in hochdeutscher, oberbayerischer und pfälzischer Mundart* (1839ff.), *Ausgewählte Werke* hrsg. von Günter Goepfert (1972)

74. Wolfgang Koeppen
(1906 Greifswald – 1996 München)

Aus seinem „freiwilligen" Exil in Holland kehrt der junge Autor 1938 zurück. 1934 war er mit einem ersten Roman *Eine unglückliche Liebe* durch experimentelles Erzählen und filmartige Reihung von Einzelereignissen aufgefallen. Nach dem Krieg lebt er meist in München, schreibt dort eine Trilogie von Nachkriegsromanen politisch-kritischen Inhalts. Der erste – *Tauben im Gras* – erzählt mit szenenreicher Montagetechnik einen Tagesablauf im München der Nachkriegs-Restauration, vielfältig verflochtene Schicksale zwischen Furcht und zerbrechender Hoffnung. Die folgenden zwei Romane der Trilogie, in Bonn und Rom angesiedelt, stehen immer stärker unter dem Eindruck des Scheiterns wirklicher Erneuerung und jedweder Revolution. Koeppen hat sich

gegen die Annahme verwahrt, er habe vordergründige Schlüsselromane geschrieben, hat zu Recht die jeweils „eigene poetische Wahrheit" angemeldet. In späteren Jahren beginnt er verschiedene Roman-Projekte und verwirft sie wieder. Auch als Verfasser eindrucksvoller Reiseberichte bekannt, von Siegfried Unseld und dem Suhrkamp Verlag mit – später gekürzten – Vorschüssen finanziert, stirbt Koeppen nach Jahren der Isolation in München.
■ 74) Widenmayer Str. 47

Werke u.a.: *Tauben im Gras* (1951), *Das Treibhaus* (1953), *Der Tod in Rom* (1954), *Nach Rußland und anderswohin* (1958), *Amerikafahrt* (1959), *New York* (1977)

75. Annette (Anna Mathilde) Kolb
(1870 München – 1967 München)
Sie war die Tochter eines bayerischen Gartenarchitekten in königlichen Diensten und einer französischen Pianistin und nicht gesonnen, ihr Leben mit Damentees zuzubringen. „Närrisch vor Freude" ist sie 1913 über den Fontane-Preis für ihren Romanerstling *Das Exemplar*, einen Reiseroman, dessen „Elegance" und „Distinction" Hofmannsthal „absolut bewunderungswürdig" nennt, im vollen Kontrast zu Annette Kolbs „Münchner Bekanntenflora", die „meinen Entschluss zu schreiben mit solchem Hohn salutierte". Ihrem Unterfangen, zeit- und politikkritische Essays zu publizieren, begegnen auch angesehene Autoren mit Indignation. Doch gewinnt die couragierte Außenseiterin Freunde und Förderer in wachsender Zahl, voran den Lektor → Franz Blei und → Rainer Maria Rilke. Annette Kolb gilt als eine sehr münchnerische Autorin, war aber aus ganzem Herzen eine Kosmopolitin und frühe Verfechterin deutsch-französischer Einigung. „... als ich aufwuchs, da lag mir immer mehr am Herzen, dass die Franzosen und Deutschen sich so liebten, wie ich die beiden zusammen liebte, denn ich habe zu beiden im gleichen Maße gehört" (*Ein Selbstporträt*, 1967). Nach vielen Ortswechseln seit 1916 und der Emigration 1933 hält sie sich seit 1946 immer wieder in München auf. Freunde verhelfen der Neunzigjährigen zu einer eigenen Wohnung in Bogenhausen.
■ 75a) Sophienstr. 7 (Geburtshaus, Neubau) ■ 75b) Habsburger Platz 3/III (Neubau) ■ 75c) seit 1961 Händelstr. 1
Grab: Friedhof Bogenhausen (Neuberghauserstraße, St.Georg)

Hauptwerke: *Das Exemplar* (1913), *Daphne Herbst* Roman (1928), *Beschwerdebuch* (1932), *Die Schaukel. Eine Jugend in München* autobiographischer Roman (1934)

76. Walter Kolbenhoff, eig. Hoffmann (1908 Berlin – 1993 Germering bei München)

Als Reporter der Roten Fahne vom Hitlerregime verfolgt, flieht der junge Walter Hoffmann nach dem Reichstagsbrand 1933 nach Dänemark, nimmt dort das Pseudonym Kolbenhoff an. Als deutscher Kriegsgefangener in den USA lernt er → Alfred Andersch kennen, arbeitet an der Gefangenenzeitschrift *Der Ruf* mit und schreibt den politischen Roman *Von unserem Fleisch und Blut*. Die Rückkehr ins zerstörte München beschreibt er in seinem Roman *Heimkehr in die Fremde*: „... Ich ging zögernd durch ein paar Pfade, die freigeschaufelt waren, in Richtung einer Kirche und eines großen gotischen Bauwerks ... dann wieder ging man durch Schluchten, zu beiden Seiten ragten die Trümmerhaufen hoch. Wären die leeren Fensterhöhlen nicht gewesen, hätte man glauben können, durch ein verkarstetes Gebiet irgendwo auf dem Balkan zu marschieren." Mit Andersch wird er Mitarbeiter der von den Amerikanern herausgegebenen *Neuen Zeitung*, arbeitet mit Andersch und → Hans Werner Richter an einem neuen *Ruf*. Seine Wohnung Schellingstr. 48 wird zum literarischen Treffpunkt. Ende der 1940er Jahre ändern im Zeichen des kalten Krieges die Amerikaner ihre politische Linie, verbieten 1947 den *Ruf*. Kolbenhoff wird Gründungsmitglied der „Gruppe 47", die sich unter Vorsitz Hans Werner Richters zur ersten Tagung am Bannwaldsee im Allgäu zusammenfindet.

■ 76a) 1946–49 Schellingstr. 48 ■ 76b) 1964–1993 Germering bei München

Werke u.a.: *Heimkehr in die Fremde* Roman (1949), *Schellingstr. 48. Erfahrungen mit Deutschland* (1984)

77. Fritz Kortner (1892 Wien – 1970 München)

findet 1949, zwei Jahre nach der Rückkehr aus dem amerikanischen Exil, München als „nachhitlerischen Lebensort" – in diesen Nachkriegsjahren sieht er München „ängstlich bemüht, nicht weltstädtisch auszusehen, es will eine Landeshauptstadt bleiben. München hat das Gegenteil von Größenwahn. Einen Kleinseinwahn. Das Weltstädtische erzwingt sich aber seinen Weg." Kortner steht als einer der großen Theatermenschen des 20. Jahrhunderts im Gedächtnis, als einer der eruptivsten Schauspieler und einer der gefürchtetsten Bühnendespoten. Mit seiner extrem fordernden Probenarbeit ist Kortner jedoch nicht der selbstherrliche Typ

K

des „Regiestars“ – sein Vermächtnis, hat ihm sein ehemaliger Regieassistent August Everding noch 1993 nachgerufen, ist die „unerbittliche Textanalyse, das Aufspüren neuer Gedanken in alten Texten.“ Zwischen München, Berlin, Hamburg, Wien und noch anderen Theaterplätzen rastlos unterwegs, schätzt Kortner doch München, „... diese Stadt mit der närrisch machenden Luft, die sogar aus Kleinbürgern Käuze werden lässt, komische, lächerliche, rabiat zornige, unausstehliche, und nur höchst selten blindwütige Fanatiker. Leben und leben lassen, ist die Devise, selber aber möglichst besser. Damit lässt sich leben.“
■ 77) St.-Anna-Platz 2, ■ 77b) seit 1957 Wurzer Str.12. Außerdem wohnte Kortner gern in Hotels, im Schlosshotel Grünwald, später im Bayerischen Hof.

Werke u.a.: *Aller Tage Abend* (1959), *Die Sendung der Lysistrata* Fernsehspiel (1961) *Die Zwiesprache* (1964), *Letzten Endes* (1971), *Theaterstücke* (1981)

78. Alfred Kubin

(1877 Leitmeritz/Böhmen, heute Litomèrice bis 1959 Zwickledt/Oberösterreich)

Der Zeichner, Illustrator, Maler des Unheimlichen lebt in jungen Jahren in München, bevor er sich 1906 aus dem Stadtgetriebe auf sein „Schloß“ Zwickledt im Innviertel zurückzieht. Er wird nicht nur durch seine teils traumhaften, teils schaurigen Illustrationen der düsteren Literatur (Poe, E.T.A. Hoffmann), sondern auch durch seinen Roman *Die andere Seite* berühmt, der mit visionären Verfallsszenarien fasziniert. Wie er nächtens zwischen Augusten- und Theresienstraße selbst die Münchner Vorstadt in unheimlicher Verzerrung und wie im Drogenrausch wahrgenommen hat, ist in Kubins Erinnerungen nachzulesen. „Krankhafte Phantasien“ attestiert ihm die Presse nach ersten Ausstellungen. Aber der junge Künstler findet Freunde und Förderer, den Dichter → Max Dauthendey und den Sammler und Verleger Hans von Weber, der ihn im Künstler-Café Stephanie anspricht. „Von da an war ich“, erinnert sich Kubin an den legendären Schwabinger, „monatelang bezaubert von dem großzügigen Lebensstil dieser eigenartigen Persönlichkeit. Er lebte nach einer Art ‚Philosophie des Genusses‘, die mit starker gepflegter Sinnlichkeit alle nur möglichen erreichbaren Objekte in die eigene Sphäre zog. Welche Mühe verwandte er auf Geschenke und Überraschungen, auf seine kleinen Soupers mit zwei oder drei Freunden, bei denen erlesenste Genüsse geboten wurden ...“ ■ 78) 1904–06 Mandlstr. 26 (Gedenktafel)

Werke: *Die andere Seite* (1909), autobiographische Aufzeichnungen

79. AUGUST KÜHN, eig. Rainer Zwing (1936 München – 1996 Hinterwössen)

Der Münchner aus dem Arbeitermilieu, ursprünglich gelernter Optikschleifer, dann Kabarettist, Lokalreporter, Angestellter, hat Biographisches aus dem proletarischen Westend-Viertel Münchens mit sicherer, auf Orts- und Sachkenntnis beruhender Milieuschilderung veröffentlicht. Der Roman *Zeit zum Aufstehn*, eine Familienchronik einfacher Leute in den hundert Jahren seit 1875, wurde sein vielgelesenes Hauptwerk. Es geht Kühn um die Überlieferung der politischen Kultur einer bis 1945 wenig im öffentlichen Bewußtsein wirksamen Schicht.

■ 79a) Gollierstr. 51 (Gedenktafel) ■ 79b) seit Ende der 70er Jahre Jutastr. 16

Werke u.a.: *Westend-Geschichte* (1972), *Eis am Stecken* Betriebsroman (1974), *Zeit zum Aufstehn. Eine Familienchronik* (1975), *Jahrgang 22* Schelmenroman (1977), *Münchner Geschichten* (1977), *Der bayrische Aufstand* Volksstück (1973)

80. ARTUR KUTSCHER (1878 Hannover – 1960 München)

Er ist in Münchens geistigem Leben im 20. Jahrhundert eine berühmte Institution, lehrt Jahrzehnte ein von ihm erst gegründetes Fachgebiet und wird dennoch nicht Lehrstuhlinhaber: scherzhaft nennt Hugo Hartung ihn den „außerordentlichen Außerordentlichen". Die Schüler aus seinem Kreis sind überall in der Welt in Kontakt miteinander. Theaterwissenschaft lehrt er, eng verbunden mit kritischer Begeisterung für Literatur, zu seinen allwöchentlichen vielbesuchten Autorenabenden (im Hirschen in der Türkenstr., später in den Katakomben der Universitäts-Reitschule) kommen → Heinrich und Thomas Mann, Carossa, Oskar Maria Graf, Halbe, Klabund, Ruederer, Ringelnatz, Roda Roda, Wedekind und so viele andere. Exkursionen zu zahlreichen Kultur- und Theaterzentren Europas veranstaltet er, ist Freund seiner Studierenden, vital und erfolgreich. Die „Geheimräte" – das alte Wissenschafts-Establishment – bekämpfen seine Theaterwissenschaft, zweimal erklärt 1936 die Regierung seinen Kreis für aufgelöst; auch nach 1946 wird er zweimal seiner Aufgabe enthoben und wieder eingesetzt. Er lehrt, das Theater nicht vom philologischen Standpunkt zu sehen, sondern es als „mimisches Erlebnis", als Schauspiel-Ereignis zu begreifen. Als Freund Frank Wedekinds tritt er engagiert für dessen Werk ein.

■ 80a) 1900 Adalbertstr.13/I (Neubau) ■ 80b) 1917–20 Kaulbachstr. 77 (Neubau) ■ 80c) 1921–31 Bismarckstr. 15 ■ 80d) 1946–51 Antonienstr.1 ■ 80e) 1956–60 Mottlstr. 6

Werke u.a.: *Hebbel und Grabbe* (1913), *Frank Wedekind, sein Leben und seine Werke* (3 Bd., 1922/27/31), *Grundriss der Theaterwissenschaft. I und II* (zweite Auflage, 1949), *Stilkunde der Deutschen Dichtung, I und II* (1951/52)

81. Heinrich Lautensack

(1881 Vilshofen bei Passau bis 1919 Eberswalde bei Berlin)

Aus philiströsem Kleinstadtmilieu herausstrebend, beginnt der Niederbayer 1897 in München eine Ausbildung auf der Industrieschule, bricht das Anschlussstudium an der Technischen Hochschule aber ab. Von Anfang an schreibt er, sucht die Nähe Schwabinger Literatenkreise und befreundet sich mit dem wenig älteren → Hans Carossa. Lautensacks Name findet sich bereits im ersten Programmheft der „Elf Scharfrichter", seit 1901 ist er Mitglied des Ensembles. Ein Vorläufer von Martin Sperr und Franz Xaver Kroetz, schreibt er unsentimentale bayerische „Heimatstücke". Orientiert an den Dramen → Frank Wedekinds, kollidiert er noch härter als dieser mit der Zensur. Kein Bühnenwerk von Lautensack kann darum zu seinen Lebzeiten öffentlich aufgeführt werden. Er schreibt voller Leidenschaft gegen die bigotte Unterdrückung alles Sexuellen und Sinnlichen und bleibt in der Konfrontation doch überzeugter Katholik. 1906 geht er nach Berlin, wo er auch an Filmdrehbüchern arbeitet. 1918 nach Süddeutschland zurückkehrend, trifft er Wedekind nicht mehr lebend an und erregt am offenen Grab Ärgernis durch Schreie verzweifelter Trauer. Der Zusammenbruch führt zum Aufenthalt in geschlossenen Anstalten, mit 38 Jahren stirbt Lautensack an Paralyse.

Wohnung u.a.: ■ 81) Türkenstr. 28 (Neubau)

Werke u.a.: *Cabaret* Schwank und Satire (1906), *Dokumente der Liebesraserei* Gesammelte Gedichte (1910), *Hahnenkampf Komödie* (1908), *Die Pfarrhauskomödie* (1911), *Via crucis* Text zu einer Kantate (1912)

82. Wladimir Iljitsch Lenin

(eig. Uljanow, 1870 Simbirsk – 1924 Gorkij bei Moskau)

kommt 30jährig im November 1900 nach München, legal aus dem zaristischen Russland ausreisend. Doch in München taucht er mit falschem Pass unter, wohnt zunächst bei Münchner Sozialdemokraten. Als seine Frau Nadeshda Krupskaja ihm 1901 in die Emigration nach

München folgt, zieht der russische Revolutionär zu einer sechsköpfigen Arbeiterfamilie in winzigen Kammern, dann in eine eigene Wohnung in „einem der zahlreichen großen Neubauten in der Vorstadt Schwabing“ (Nadeshda Krupskaja). Lenin – unter diesem Namen schreibt er in München, nennt sich Meyer – arbeitet intensiv an politischen Texten, darf mit keinem Wort gestört werden, erzählt aber beim täglichen Spaziergang, worüber er schreibt. Die Münchner Jahre sind in der Rückschau seiner Frau die besten, die russischen Emigranten von gemeinsamer Überzeugung erfüllt. Man arbeitet konspirativ und feiert übermütig den Karneval. Zunehmendem Druck der bayerischen Behörden weicht Lenin schon 1902 nach Zürich aus. 1903 kommt es in Brüssel zum Eklat, die Sozialdemokratische Arbeiterpartei Russlands spaltet sich in Lenins radikale „Bolschewiki“ und die gemäßigten „Menschewiki“. ■ 82a) 1900/1901 Kaiserstr. 46 (neue Zählung) ■ 82b) 1901/1902 Siegfriedstr. 14 ■ 82c) ehemaliges Café „Noris“: Leopoldstr. 41 – hier verkehrten Lenin und N. Krupskaja 1901/02 regelmäßig

Werke u. a.: *Was tun?* (1902), Hg. der Zeitschriften *Iskra* (= Funke) und *Sarja* (= Morgenröte)

83. Hermann Lenz

(1913 Stuttgart – 1998 München)

„Was du für ein Glück hast ... Immer wieder begegnest du Menschen, denen du vertrauen kannst ... Und er sagte zu sich selber: Das ist halt München ... Und er machte sich klar, dass er erst in München aufgeatmet hatte. In deiner Geburtsstadt, dort in Stuttgart, bist du allein gewesen, als einer, den die anderen an die Wand drückten ... Bemitleidet hast du dich nicht ... Was du erfahren hast, war das Gewöhnliche, und das war wichtig“ (aus *Freunde*). Hermann Lenz, der in München 1937 studiert, acht Jahre lang Soldat und Kriegsgefangener ist, bleibt mit seinem Werk lange im Schatten, bis ein großer Aufsatz des drei Jahrzehnte jüngeren Peter Handke in der *Süddeutschen Zeitung* die Aufmerksamkeit auf den Sechzigjährigen lenkt (1973). Lenz' Hauptwerk, die zehnbändige Reihe seiner Eugen-Rapp-Romane, nennt Hans Mayer ein „Panorama, eine Epopöe deutscher Geschichte in diesem (20.) Jahrhundert – Taten und Leiden der Deutschen, veranschaulicht in den Taten und Leiden Eugen Rapps“. Lenz, der bedächtig genaue Erzähler, kehrt 1975 mit seiner Frau aus Stuttgart nach München zurück, in ihr Elternhaus, und unterm Dach, wo er schon als Student gewohnt hat, stellt er seinen Schreibtisch wieder auf. Als Schlüsselroman der Münchner Szene macht der Lenz-

Roman *Herbstlicht* Aufsehen, der vorletzte der Rapp-Romane.
■ 83) Mannheimer Str. 5

Werke u.a.: *Tagebuch vom Leben und Überleben* (1978), *Im inneren Bezirk* (1980), *Der Wanderer* (1986)

84. Ludwig I, König von Bayern

(1786 Straßburg – 1868 Nizza)

„… überall und nirgends daheim, streift über die Erde unstät, so wie der Dampf, unstät das Menschengeschlecht", dichtet Bayerns königlicher Mäzen, als die ersten Lokomotiven durch Bayern dampfen. Als der Volkszorn über die schöne Tänzerin Lola Montez ihn zur Abdankung genötigt hat, klagt er in Versen: „Mit Untreu hast Du meine Treu vergolten, / Du wollt'st mein Geld, Du wolltest meine Macht, / Die Du bewirktest, daß mir alle grollten, /Verwandeltest das Dasein mir zur Nacht." Seiner eigensten Schöpfung, dem mit antikisierenden Säulen zur Kunststadt verwandelten München, widmet er stolz das Epigramm: „Münchens Kunstausstellung suche du nie in den Sälen / Der Ausstellung selbst; schaue du München dir an". Heinrich Heine hat nur Hohn für den König, der das eigene Leben versifiziert, Goethe urteilt höflich: „In der Form und Behandlung hat er viel von Schiller."
■ 84) Residenz, Max-Joseph-Platz ■ 84b) Schloss Nymphenburg

Werke u.a.: *Gedichte* (4 Bände, 1829–47;), *Walhallas Genossen* (1843), *Rezept gegen Schwiegermütter* Lustspiel (1866), *Der Bayerische Schwan. Gedichte des Königs Ludwig I. von Bayern* (hrsg. von Ludwig Merkle, 1979)

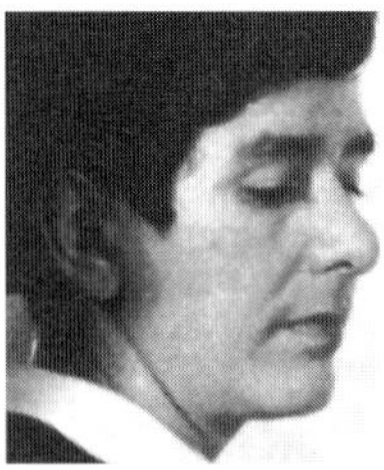

85. Erika Mann

(1905 München – 1969 Zürich)

Als älteste Tochter Thomas Manns wächst sie in literarischer Umgebung heran, begabt und verwöhnt, ein selbstgegründetes Jugendtheater im häuslichen Kreis führt sie zum Schauspielerberuf. Enge Verbindung zum Bruder → Klaus Mann, der sie zum Schreiben anregt. Trotz Engagements auswärts und weiter Reisen bleibt das Elternhaus Lebensmittelpunkt. Rechtsradikale Strömungen provozieren ihre scharfzüngige Argumentation. Schon im August 1932 wird sie nach einer Veranstaltung zur Friedenserhaltung im Völkischen Beobachter attackiert: „Ein besonders widerliches Kapitel stellte das Auftreten Erika Manns dar … In Haltung und Geste eines blasierten Lebejünglings brachte sie ihren blühenden Unsinn über die ‚deutsche Zukunft' vor … Das Kapitel ‚Familie Mann' erweitert sich nachgerade zu einem Münchner Skandal, der auch zu gegebener Zeit seine Liquidierung finden muss." 1933 gründet sie das Kabarett „Die Pfeffermühle", das sie noch in der Emigration fortführt. Klarsichtig bewegt sie auch ihre Eltern zur Emigration. Ihre heimliche Rückkehr im März 1933, um das Manuskript des Joseph-Romans aus der bewachten elterlichen Villa zu holen, ist in verschiedenen Varianten des Abenteuers überliefert. Nach 1945 bleibt sie, außer inkognito auf kurzen Besuch, München fern, radikal und unversöhnlich. Ihre positiven Kräfte richtet sie ganz auf Unterstützung der Person und des Werks ihres Vaters. ■ 85a) Poschingerstr. 1 Das Elternhaus wurde nach Kriegsschäden abgerissen, dann ein Neubau errichtet, der verfiel. Derzeit wird ein Wiederaufbau des Mann-Hauses diskutiert (Ecke Poschinger Str. / Thomas-Mann-Allee) ■ 85b) Kabarett „Die Pfeffermühle", Neuturmstr. 5 (Neubau)

Werke u.a.: Zeitungsartikel, Kinderbücher, *Rundherum. Abenteuer einer Weltreise* (mit Klaus Mann, 1929)

86. Golo Mann,
eig. Angelus Gottfried Thomas Mann
(1909 München – 1994 Leverkusen)

verbringt die Schuljahre 1923–27 im Internat in Schloss Salem, dort stark geprägt von der humanen und selbstdisziplinierten Persönlichkeit des Schulleiters Kurt Hahn. Damals und auch während der Studienjahre in München, Berlin, Paris, Heidelberg kommt Golo immer wieder ins Haus in der Poschingerstraße in München-Bogenhausen, das Fixpunkt der Familie bis zur Emigration bleibt. 60 000 Reichsmark des Familienvermögens auf verschiedenen Konten rettet er vor der Konfiszierung und reist nach Frankreich aus: „Doppelt fand ich mich kompromittiert; durch die jüdische Herkunft meiner Großeltern Pringsheim ...; durch das einstweilen, aber wie lange noch, schweigende Draußenbleiben TMs, das gar nicht schweigende Draußenbleiben meiner Geschwister und Heinrich Manns. Immer wäre ich eine Geisel zur beliebigen Verwendung geblieben, völlig vereinsamt, ohne Arbeit, ohne Lohn." Im mediterranen Hafenstädtchen Sanary-sur-Mer trifft die Familie wieder zusammen, Golo wird mit dem Vater die Exilzeitschrift *Maß und Wert* herausbringen. In den USA lehrt er nach dem Krieg Geschichte, seit 1958 in der Bundesrepublik Deutschland gewinnt er als Historiker Ruhm, als konservativer politischer Publizist Einfluss. Nach München kehrt er nicht zurück.

■ 86) Poschingerstr. 1 (zerstört)

Werke u.a.: *Deutsche Geschichte im 19. und 20. Jahrhundert* (1958), *Wallenstein* (1971), *Erinnerungen und Gedanken* (1986)

L M

87. Heinrich Mann

(1871 Lübeck bis 1950 Santa Monica, Kalifornien)

1893 zieht der angehende Schriftsteller zu seiner Familie nach München, wo seine verwitwete Mutter und seine Geschwister leben, bald auch sein jüngerer Bruder → Thomas Mann. Abgesehen von zahlreichen Reisen, auch gemeinsam mit Thomas (Rom 1896–98), wird München bis 1928 Heinrich Manns Wohnort. Hier entwickelt er sich aus konservativen Anfängen zum überzeugten Demokraten (viel früher als Thomas Mann), zum lebhaften Kritiker des autoritären Systems im Wilhelminismus, zum vielgelesenen Romancier und, nach dem Ersten Weltkrieg, zum Mahner gegen die Reaktion und zum Rufer nach Toleranz, z. B. auf einer Kundgebung 1926: „Ich wünschte, daß München wiederbekomme und bewahre sein gesundes Gefühl für den Wert und Nutzen geistigen Schaffens, selbst wenn es ihm manchmal fremd bliebe, – sein altes Wohlwollen, jene wohlwollende Neutralität, auf deren Boden sich hier gut leben ließ und wieder gut leben wird lassen.“
■ 87a) 1893 Rambergstr. 2 (Wohnung der Mutter, Neubau) ■ 87b) 1914-28 Leopoldstr. 59 (Gedenktafel)

Werke u. a.: Hrsg. der Münchner Zeitschrift *Das zwanzigste Jahrhundert, Blätter für Deutsche Art und Wohlfahrt* (1895/96), *Im Schlaraffenland* (1900), *Die Jagd nach Liebe* (1903), *Professor Unrat* (1905), *Madame Legros* Schauspiel (1917), Grabrede auf Wedekind (1917), *Der Untertan* (1918), *Eugénie oder die Bürgerzeit* (1928)

88. Katia Mann geb. Pringsheim

(1883 Feldafing bei München bis 1980 Kilchberg bei Zürich)

Geboren als Tochter des Münchner Universitätsprofessors und Ordinarius für Mathematik Alfred Pringsheim. Zu intellektueller Eigenständigkeit erzogen (privater Gymnasialunterricht), ist sie in ihrer Ehe mit Thomas Mann (Heirat 1905) die ideale Ergänzung für den übersensiblen Schriftsteller, ist geniale Organisatorin des weltoffenen Hauses, auch im 1933 begonnenen Exil. Nach dem Zeugnis ihres ältesten Sohnes → Klaus Mann: ... „Was wäre aus uns geworden, was würde aus dem schwierig-schöpferischen Mann und den sechs nicht ganz einfachen Kindern, wenn unermüdliche Liebesenergie den kleinen Kreis nicht hütete und wärmte?“ ■ 88a) Arcisstr. 12 (bis 1905, verändert) ■ 88b) 1905–10 Franz-Joseph-Str. 2 (Neubau) ■ 88c) 1910–14 Mauerkircherstr. 13 (Neubau) ■ 88d) 1914–33 Poschingerstr. 1

Werk: *Meine ungeschriebenen Memoiren* (1974)

89. Klaus Mann
(1906 München – 1949 Cannes)

Als er seine erste Autobiographie *Kind dieser Zeit* publiziert, ist er gerade 26. „Ich konnte erfinden wie die listige Dame der Tausendundeinen Nacht, so endlos und so phantastisch", rühmt er sich. Hochintelligent und lässig elegant, mit der Schwester Erika an der Seite, mit dem berühmten Vater Thomas und Onkel Heinrich im Hintergrund, betritt Klaus Mann die literarische Szene privilegiert, nimmt teil am Münchner und Berliner (seit 1924) Bohemientaumel der 20er Jahre, reist viel und weit, ist gefährdet durch Drogen und seine Homosexualität. Schnell und mühelos produktiv, aber kritischeren Köpfen verdächtig: „Von Beruf jung", so Kurt Tucholsky in der *Weltbühne* über Klaus Mann, „von dem gewiss in einer ernsten Buchkritik nicht die Rede sein soll". In den anderthalb Jahrzehnten, die ihm nach der Emigration 1933 bis zum Freitod 1949 bleiben, wird Klaus Mann „zu einer zentralen Figur der antifaschistischen Publizistik" (→ Martin Gregor-Dellin) und zum Autor wichtiger Bücher – auch wenn Thomas Manns Nachruf den Sohn überhöht: „Ich glaube ernstlich, dass er zu den Begabtesten seiner Generation gehörte, vielleicht der Allerbegabteste war" (1950).■ 89) Poschingerstr. 1 (Haus der Eltern, zerstört)

Werke u. a.: *Anja und Esther* Schauspiel (1925), *Alexander. Roman der Utopie* (1929), *Kind dieser Zeit* Autobiographie (1932)

90. Thomas Mann
(1875 Lübeck – 1955 Zürich)

Vier Jahrzehnte wohnt der Patriziersohn mit der Liebe zur Ostsee in München, fast genau die Hälfte seiner Lebenszeit. Der Mutter und den Geschwistern, die nach dem Tod des Vaters nach München ziehen, folgt Thomas erst zwei Jahre später, 1894, mit endlich erlangter „mittlerer Reife" und einer bescheidenen monatlichen Rente aus dem väterlichen Erbe. Volontariat bei einer Feuerversicherungsgesellschaft, Studium an der Technischen Universität, dann der Entschluss zum Schriftstellerberuf, ein Italienaufenthalt mit dem Bruder Heinrich, eine Redakteursstellung beim *Simplicissimus*, Militärdienst – kaum sind sieben Jahre vergangen, da erscheinen bei S. Fischer die *Buddenbrooks* und treten ihren „Siegeszug" an: „Es war der Ruhm ... Meine Post schwoll an, Geld strömte herzu, mein Bild lief durch die illustrierten Blätter, hundert Federn versuchten sich an dem Erzeugnis meiner scheuen Einsamkeit, die Welt umarmte mich ...". Thomas Mann etabliert sich in München. Sein meistzitierter Satz über München, zugleich der knappste, heißt „München leuchtete“ und ist Auftakt zu einer von Föhnhelle und Lebensfreude beschwingten Schilderung der heiteren Kunststadt in der Prinzregentenära (*Gladius Dei*, 1902). Während der Räterepublik und der folgenden Massaker schreibt Thomas Mann der Freundin Ida Boy-Ed über die „alberne und gefährliche Stadt. Die Mischung von bürgerlichem Stumpfsinn, alias Gemütlichkeit, Leichtsinn und Schwabinger Literatur-Radikalismus ist ekelhaft und, wie sich gezeigt hat, imstande, die blutigsten Absurditäten zu zeitigen“ (11. Mai 1919). Thomas Mann und seine kluge Frau Katia, aus einer der reichsten Familien Münchens, führen ein großbürgerliches Leben in München-Bogenhausen, haben mit ihren sechs Kindern – zwischen 1905 und 1919 geboren – erst ein Landhaus in Bad Tölz, dann ein Sommerhaus in Nidden. Thomas Mann benutzt zum Arbeiten am *Zauberberg* zeitweise auch ein erst jüngst vom Literatur-Scout Dirk Heißerer wiederentdeckte „Villino“ in Feldafing am Starnberger See. In der politischen Radikalisierung in der zweiten Hälfte der 20er Jahre bezieht er energisch Stellung für Freiheit und Humanität, wird 1929 auch mit dem Literatur-Nobelpreis ausgezeichnet. Doch auch Thomas Mann verfängt sich in Illusionen, entwirft noch 1932 eine München-Utopie, gegen das Nazi-Etikett „Hauptstadt der Bewegung“: München „kann die Stätte sein oder werden, durch die Deutschland sich am besten, am glücklichsten mit der Welt verbinden und versöhnen mag – eine Weltstadt anderen Sinnes als Berlin, eine weltdeutsche Stadt ... München als Zuflucht einer Freiheit und Heiterkeit, die in dem Worte Kunst sich gegen die Verdüsterungen und kranken Fanatismen der Zeit behauptet, München als Heimat einer deutsch-europäischen Klassik – ist das ein Traum?“ Reinhard Heydrich, Leiter der bayerischen Politischen Polizei, greift nach Hitlers Machtergreifung persönlich ein: „... (seine) undeutsche, der nationalen Bewegung feindliche, marxistische und judenfreundliche Einstellung gab Veranlassung, gegen Thomas Mann Schutzhaftbefehl zu erlassen.” Thomas Mann kehrt von einer Vortragsreise durch Westeuropa nicht mehr zurück, emigriert mit der Familie in die Schweiz, wird ausgebürgert, sein Haus beschlagnahmt. Wie kein anderer repräsentiert er während der Hitler-Jahre in der Welt das bessere Deutschland. ■ 90a) 1898 Theresienstr. 82 ■ 90b) 1898/99 Marktstr.5 (Neubau, heute: Eingang Haimhauserstr. 6) ■ 90c) 1899–1902 Feilitzschstr. 5 (Neubau, heute Nr. 32) ■ 90d) 1902 Giselastr. 15 (Gedenktafel zur Erinnerung an die *Buddenbrooks* gehört ans Haus Feilitzschstr. 32) ■ 90e) Konradstr. 11 ■ 90f) 1905–10 Franz-Joseph-Str. 2 (Neubau, Gedenktafel zur Erinnerung an die erste Wohnung des Ehepaars Katja und Thomas) ■ 90g) 1910–13 Mauerkirchenerstr. 13 ■ 90h) 1914–1933 Poschingerstr. 1 (zerstört)

Werke: *Der kleine Herr Friedemann.* Novellen (1898), *Buddenbrooks. Verfall einer Familie.* Roman (1901), *Tristan.* Sechs Novellen (1903), *Bilse und ich* (1906), *Fiorenza* (1906), *Königliche Hoheit* (1909), *Der Tod in Venedig* (1912), *Das Wunderkind,* Novellen (1914), *Friedrich und die große Koalition* (1915), *Betrachtungen eines Unpolitischen* (1918), *Herr und Hund. Gesang vom Kindchen.* Zwei Idyllen (1919), *Wälsungenblut* (1921, Privatdruck), *Rede und Antwort.* Gesammelte Abhandlungen und kleine Aufsätze (1922), *Bekenntnisse des Hochstaplers Felix Krull. Buch der Kindheit* (1922), *Goethe und Tolstoi.* Vortrag (1923), *Von Deutscher Republik.* Rede (1923), *Der Zauberberg.* Roman (1924), *Okkulte Erlebnisse* (1924), *Bemühungen* (1925), *Unordnung und frühes Leid.* Novelle (1926), *Pariser Rechenschaft* (1926), *Lübeck als geistige Lebensform.* Rede (1926), *Hundert Jahre Reclam.* Festrede (1928), *Theodor Fontane.* Vortrag (1929), *Mario und der Zauberer. Ein tragisches Reiseerlebnis* (1930), *Platen – Tristan – Don Quichote.* Vortrag (1930), *Deutsche Ansprache. Ein Appell an die Vernunft.* Rede (1930), *Die Forderung des Tages.* Reden und Aufsätze 1925-29 (1930), *Goethe als Repräsentant des bürgerlichen Zeitalters,* Rede (1932), *Goethes Laufbahn als Schriftsteller.* Vortrag (1933), *Joseph und seine Brüder* (*Die Geschichten Jakobs,* 1933, *Der junge Joseph,* 1934)

91. Viktor Mann

(1890 Lübeck – 1949 München)

Schon als kleines Kind mit der Mutter und den Schwestern Julia und Carla aus Lübeck an die Isar gekommen, lebt das jüngste der Mann-Geschwister als einziger der Familie bis zu seinem Tod gutbürgerlich verheiratet und unbehelligt von der Hitler-Herrschaft in und bei München, ein studierter Landwirt, der als Sachverständiger für Agrarkredite tätig und in beiden Kriegen bei der Armee ist. Sein Erinnerungsbuch *Wir waren fünf,* das Viktor Mann kurz vor seinem Tod abschließt, enthält Prägnantes über die berühmten Brüder. Vor allem über „Ommo" (Thomas). Beim ersten Besuch in der Marktstraße 5, der Schwabinger Wohnung des 15 Jahre älteren Bruders, trifft Viktor „Ommo eifrig beim Einrichten. Er lackierte einige von Mama zur Verfügung gestellte Stühle erdbeerrot und bespannte die weißen Wände teilweise mit grünem Rupfen. Diese unkomplizierte Zusammenstellung von lustigem Rot mit Moosgrün und Weiß gefiel mir überaus gut. ... Thomas öffnete einen ziemlich ordinären Schrank, der seiner Wirtin gehörte, und zeigte uns lachend, dass die fehlende Rückwand durch eine Rupfenbespannung ersetzt war. Aus der schäbigen Problematik dieses Möbels ist bald nach unserem Besuch die Novelle *Der Kleiderschrank* entstanden, die dem todkranken Albrecht van der Qualen im Schrank mit der Rupfenwand die keusche Nacktheit eines Traummädchens erscheinen lässt." – ■ 91a) Rambergstr. 2 (Kindheit) ■ 91b) Herzogstr. 3

Werk: *Wir waren Fünf, Bildnis der Familie Mann* (1949)

M

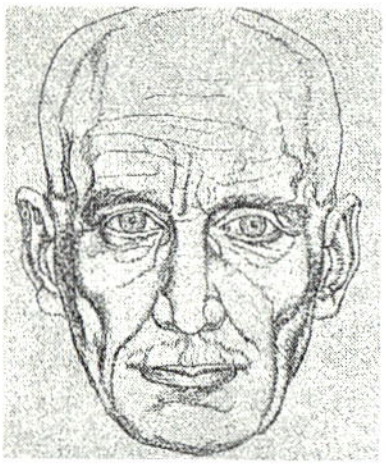

92. Gustav Meyrink
(1868 Wien – 1932 Starnberg)
Unehelicher Sohn einer Schauspielerin und eines königlich-württembergischen Ministerpräsidenten, scheitert in Prag als Teilhaber einer Bank, muss für fünf Wochen ins Gefängnis. Meyrink wendet sich parapsychischen Experimenten und der Literatur zu, wird seit 1901 vom *Simplicissimus* gedruckt, heiratet eine Nichte Rilkes und lässt sich 1907 wieder in München nieder (wo er schon 1874–80 Schüler und Gymnasiast war). Der blendende Gesellschafter, ein „Mann, der von Temperament glühte" (→ Roda Roda), gewinnt literarischen Ruhm und schreibt mit dem Prag-Roman *Golem* ein Kultbuch. Aus München – Meyrink: „Eigentlich eine gigantische Sennhütte, nur gut, um von dort Abstecher in die Berge zu machen" – wechselt Meyrink 1911 einige Kilometer südlich nach Starnberg. ■ 92) 1909–11 Beichstr. 9 (Neubau)

Werke u.a.: *Des Deutschen Spießers Wunderhorn* Novellen (1913), *Der Golem* (1914)

93. Christian Morgenstern **(1871 München bis 1914 Meran-Obermais/Südtirol)**
Er stammt aus einer Familie von Landschaftsmalern, Bilder seines Großvaters sind noch heute in Museen zu finden. München und die oberbayerische Landschaft prägen Morgensterns erste zehn Lebensjahre, sein Gefühl für Atmosphärisches, seine Nähe zur Natur. Während eines Studiensemesters in München bricht seine Tuberkulose-Erkrankung aus, trotzdem beginnt er ein „Vagabondeur"-Leben zwischen Norwegen und Palermo, notgedrungen immer wieder mit Aufenthalten in der klaren, trockenen Luft der alpinen Kurorte. Feuilletons, Übersetzungen und ein Lektoratsvertrag mit dem Berliner Cassirer Verlag – ohne Bindung an einen festen Arbeitsplatz – geben die schmale finanzielle Basis. Ein Wanderer und Suchender, schreibt Morgenstern Gedichte und Aphorismen voll geistiger Intensität und, in nur scheinbarem Gegensatz dazu, seine humorvollen, hintergründig grotesken Galgenlieder. Er beherrscht die Kunst nachdenklichen Über-Sinns, findet von Nietzsche und Schopenhauer zu Rudolf Steiners Anthroposophie. München fühlt er sich auch aus der Ferne verbunden, mahnt schon 1899: „Du liebe Mutter- und Vaterstadt / dir will ich nichts Hartes sagen. / Doch trinke dich nicht allzu satt / an alten glänzenden Tagen." ■ 93a) Theresienstr. 23 (Geburtshaus) ■ 93b) 1873–81 Äußere Nymphenburger Straße 99 ■ 93c) 1893 Gabelsbergerstr. 9

Werke u.a.: *Galgenlieder* (1905 ff.), *Palmström* (1910), *Wir fanden einen Pfad* (1914)

94. Erich Mühsam

(1878 Berlin – 1934 KZ Oranienburg)

wird nach Reisejahren quer durch Europas Bohème von Berlin bis Ascona 1908 rasch in Schwabing heimisch, kennt sie bald alle in „Wahnmoching", die „Maler, Bildhauer, Dichter, Modelle, Nichtstuer, Philosophen, Religionsstifter, Umstürzler, Erneuerer, Sexualethiker, Psychoanalytiker, Musiker, Architekten, Kunstgewerblerinnen, entlaufenen höheren Töchter, ewigen Studenten, Fleißigen und Faulen, Lebensgierigen und Lebensmüden, Wildgelockten und adrett Gescheitelten" *(Unpolitische Erinnerungen)*. Armer Poet und Anarchist, engagiert sich der in Lübeck aufgewachsene Apothekersohn für neue Erziehung, neue Sexualmoral und die Utopie des repressionsfreien Menschen, schreibt Kampf- und Bänkellieder, Satiren und anrührende erotische Lyrik. In Eisners Räterepublik ist er Mitglied des Zentralrats, nach ihrer gewaltsamen Auflösung wird Mühsam zu 15 Jahren Festungshaft verurteilt und erst nach fünf Jahren begnadigt.

■ 94a) 1910–15 Akademiestr. 9 (Pension Suisse, verändert) ■ 94b) 1915–19 Georgenstr. 105/IV

Werke u.a.: *Kain. Zeitschrift für Menschlichkeit* (1911–14 und 1918–19), *Brennende Erde. Verse eines Kämpfers* (1920), *Unpolitische Erinnerungen* (1931), *Ausgewählte Werke* hrsg.von Chr. Hirte (1985, 2 Bände), *Wie ich dich liebe!* Liebesgedichte (1990)

M O

95. Carl Orff

(1895 München – 1982 München)

Der berühmte Münchner Komponist hat literarische Bedeutung, da er „– ein Sonderfall in der Musikgeschichte – Texte aus allen Weltsprachen tönend zu Ende gedacht (hat): klassisches Griechisch, klassisches und mittelalterliches Latein, Französisch, Italienisch, Deutsch und sein Basis-Idiom des Altbayerischen" (Karl Schumann). Orffs Libretti sind häufig eng verschwistert mit bayerischer Volksüberlieferung, sind dramatisierte Volksmärchen. Seine genial vertonte Auswahl von 24 aus über 400 Gesängen der mittelalterlichen Benediktbeuerner Handschrift der alten Liedsammlung hat die *Carmina Burana* neu populär gemacht. – Carl Orffs Wohnsitz war seit den 50er Jahren Dießen am Ammersee südlich von München.

■ 95) Geburtshaus: Maillingerstr.16 (Neubau)

Werke u.a.: *Carmina Burana* (1937), *Die Kluge* (1942), *Die Bernauerin* (1944), *Astutuli* (1953)

96. José Ortega y Gasset

(1883 Madrid – 1955 Madrid)

kommt 1951 in das München des Wiederaufbaus, das gerade noch so viel vom Schock der überstandenen Diktatur im Innern fühlte, dass es für die Vorträge und Essays des berühmten Philosophen Interesse zur Schau stellte: „tauben Ohren und beifälligen Händen“, so → Wolfgang Koeppen, predige der spanische Gelehrte. Anfang der 1920er Jahre hat er in Madrid mit Luis Buñuel, Federico García Lorca und Salvador Dalí zusammen den Grundstein zur spanischen Moderne gelegt, später, als Franco an der Macht ist, ist Ortega ins Ausland gegangen. Weltweit diskutiert man seit 1930 sein Werk *Aufstand der Massen*, das die Verführbarkeit der Massen aufzeigt und daraus die Notwendigkeit einer führenden geistigen Elite ableitet. Rund vier Jahre war Ortega in München, bei den Akademikern bewundert und beliebt.

■ 96) ständiger Aufenthalt im Hotel „Bayerischer Hof“

Werke u.a.: Deutsche Ausgabe der gesammelten Werke (4 Bde., 1954–56)

97. Oskar Panizza

(1853 Bad Kissingen – 1921 Nervensanatorium Herzoghöhe/Bayreuth)

Sohn eines frommen Katholiken italienischer Abstammung und einer bigotten Protestantin, begabt, aber Schulversager, wächst Panizza in einem geistigen Spannungsfeld auf. Nach dem Medizinstudium wählt er das Fach Psychiatrie, sein schriftstellerisches Talent nutzt er im Sinne der Geistesfreiheit zu polemischen Schriften von flammendem Antiklerikalismus, die in seiner Wahlheimatstadt München nicht erscheinen dürfen. In Zürich werden sie gedruckt, das Stück *Das Liebeskonzil*, vom Autor „Himmelstragödie“ genannt, handelt von der Verbreitung der Syphilis im 16. Jahrhundert am lasziven päpstlichen Hof. Es wird von der konservativen Staatsanwaltschaft verboten, Panizza 1895 wegen „Vergehens wider die Religion“ zu einem Jahr Gefängnis verurteilt, das er unverkürzt in Amberg verbüßen muss. Danach verabschiedet er sich von München: „Meine lieben Münchner! Feindselig schlosset Ihr Euch immer ab gegen alles, was Geist bedeutete ... Kommt eine neue Litteratur, ... wie in jüngster Zeit ..., trampelt Ihr mit Euren derben, baierischen, eisenbeschlagenen Gebirgsschuhen auf ihr herum ... speit Gift und Galle auf das, was, wie Ihr wohl wißt, hundertfach über Euch und Euren trübäugigen Katholizismus erhaben ist ...“ Panizza geht nach Zürich, nach

Paris, verfasst Pamphlete. Durch Entzug seines Kapitals zwingt man ihn 1901 nach München zurück, erneut verhaftet (wegen eines demonstrativen unbekleideten Auftritts, aber mit Hut und Stöckchen, auf der Straße), willigt er in die Einweisung in eine Nervenheilanstalt ein, wo er bis zum Lebensende bleibt. Fontane nennt ihn „einen Helden und Märtyrer des Unglaubens", *Das Liebeskonzil* „ein ganz bedeutendes Buch".
■ 98) Wohnung u.a.: Feilitzschstr. 19/II (1904)

Werke: *Die unbefleckte Empfängnis der Päpste* (1893), *Der teutsche Michel und der römische Papst* (1894), *Das Liebeskonzil* (1894)

98. Ernst Penzoldt

(1892 Erlangen – 1955 München)

Hochbegabter Fabulierer skurriler Geschichten (Thomas Mann über den *Chatterton*: „Gleich spürte ich Reiz und Rang eines Talentes, etwas unverkennbar Musisches"), in bildender Kunst (Bildhauerei, Graphik, Kunsthandwerk) wie in der Literatur kreativ, und zwar in allen Formen von der Lyrik bis zum Drama, vom Märchen bis zum Roman. In den vier Bänden seiner *Gesammelten Schriften* hinterließ der Wahlmünchner aus dem Fränkischen witzig und tragisch Anarchisches, vom vitalen Proletariat der *Powenzbande* bis zum königlichen Träumer und Weltfremdling seines Schauspiels *Die portugalesische Schlacht – Komödie der Unsterblichkeit* von 1931. ■ 98a) Bismarckstr. 28 (Atelier), ■ 98b) 1922–38 Dietlindenstr. 14, ■ 98c) 1939–55 Schwedenstr. 39

Werke u.a.: *Der arme Chatterton. Geschichte eines Wunderkindes* Roman (1928), *Die Powenzbande. Zoologie einer Familie gemeinverständlich dargestellt* (1930), *Squirrel oder der Ernst des Lebens* Schauspiel (Uraufführung 1953)

O
P

99. Reinhard Piper

(1879 Penzlin/Mecklenburg – 1953 München)

ist in München Schüler und nach Wanderjahren (Berlin, Paris, Leipzig) Verlagsgehilfe bei Callwey, abends auch „Henkersknecht" bei den ersten Auftritten der „Elf Scharfrichter", die in „feuerroten Kostümen, die Kappen über den Kopf gezogen und geheimnisvoll aus dunklen Augenlöchern blickend" Chansons und „groteske zynische Balladen" zum besten geben. Noch nicht 25-jährig gründet er im Mai 1904 den Piper Verlag – „mit kleinem Kapital und großen Plänen". Piper bringt Literatur, Kunst und Philosophie, beginnt u.a. mit Dostojewskij und Buddha, verlegt als erster in Deutschland Bücher über Courbet, Manet und Munch, dazu

Münchnerisches und Bayerisches, → Thomas Theodor Heine und Adolf Oberländer und 1912 die später berühmte Programmschrift des „Blauen Reiters", von Franz Marc und Wassilij Kandinsky. Wohnung und Verlagshaus werden 1944 Opfer des Bombenterrors („München ist ohne Licht, ohne Wasser, ohne Trambahn! Alles kaputt!"), doch seit 1946 erscheinen wieder Piper-Bücher. Unentbehrlich für Bücher- wie München-Liebhaber: Reinhard Pipers Erinnerungen!
Verlagsadressen: ■ 99a) 1904/05 Königinstr. 59 ■ 99b) 1905/06 Josephsplatz 7 ■ 99c) 1906–1913 Hohenzollernstr. 23, Gartenhaus ■ 99d) 1913–1935 Römerstr. 1 ■ 99e) 1935 bis heute Georgenstr. 4
Wohnadressen: ■ 99f) 1904–1906 Oettingenstr. (bei den Eltern) ■ 99g) 1906–1908 Hohenzollernstr. 23, Gartenhaus ■ 99h) 1908 bis 1910 Kurfürstenstr. ■ 99i) seit 1910 Keuslinstr. ■ 99j) späte 20er Jahre Hiltenspergerstr. ■ 99k) bis 1944 (ausgebombt) Elisabethstr. 42 ■ 99l) 1945–1953 Biedersteinerstr. 9

Werke u. a.: *Vormittag. Erinnerungen eines Verlegers* (1947), *Nachmittag* (1950), beide in einem Band unter dem Titel *Mein Leben als Verleger* (1964)

100. Franz Graf von Pocci

(1807 München – 1876 München)

Sohn eines bayerischen Grafen und einer bayerischen Adligen, studiert Pocci Jura und dient drei bayerischen Königen – Ludwig I., Max II. und Ludwig II. – als Zeremonienmeister und Hofmusikintendant. Entlastung vom Ritualzwang des spanisch-französischen Hofzeremoniells sucht er im phantastischen Zeichnen und satirischen Dichten, zeigt den Biedermeier-Bürokraten ihr Spiegelbild im *Staatshämorrhoidarius* (1847). Leichter im Ton geraten die Puppenspiele fürs neugegründete Münchner Marionettentheater. In rund 40 Stücken spielt Poccis Erfindung „Kasper Larifari" die Hauptrolle, ein treuherzig pfiffiger Vetter des gröberen Kasperls der Münchner Dult. Theatralische Effekte, wunderbare Überraschungen, drastische Komik und empfindsame Poesie sorgten für den Bühnenerfolg. Auch in den *Fliegenden Blättern* und den Münchner Bilderbogen begegnet man Poccis Szenen, gezeichnet und erdichtet.
■ 100a) Geburtshaus Promenadeplatz 4 (heute Hotel Bayerischer Hof) ■ 100b) Wohn- und Sterbehaus Maximiliansplatz 5 (Neubau). Pocci-Schloss in Ammerland am Starnberger See. Grab in Münsing/Kreis Wolfratshausen.

Werke u. a.: *Lustiges Komödienbüchlein* (6 Bände, in Auswahl hrsg. von Marianne Kesting, 1965)

101. Georg Queri

(1879 Frieding bei Andechs/Oberbayern bis 1919 München)

Sohn einer armen ländlichen Familie, erarbeitet sich Queri als Journalist, Gerichtsreporter und Redakteur Anerkennung, da er volksverbunden den Mundartton des Volkes trifft, weit weg von jeder Unterhaltungs-Folklore. Er schreibt für Tageszeitungen, arbeitet zwei Jahre lang in New York, lebt von 1911 bis 1914 und 1918/19 in München. Er ist Mitarbeiter des *Simplicissimus* und der Jugend, ist befreundet mit dem Zeichner Olaf Gulbransson und mit → Ludwig Thoma, mit dem er 1913 eine Anthologie bayerischer Autoren herausbringt. Er sammelt und veröffentlicht Mundartliches und Szenen aus dem ungeschönten bayerischen Leben, so drastisch, derb-erotisch und „g'schert", dass 1912 zwei seiner Bücher als „unsittlich" vor Gericht kommen (Freispruch!). Als kritischer Frontberichterstatter nennt er noch während des Ersten Weltkrieges bestimmte Generäle „dappige Arschlöcher". Er stirbt an den Spätfolgen eines Hüftleidens.

■ 101) Färbergraben 25

Werke u.a.: *Bauernerotik und Bauernfehde in Oberbayern* (1911), *Kraftbayrisch. Wörterbuch der erotischen und skatologischen Redensarten der Altbayern* (1912)

102. Ferdinand Raimund,

eigentlich Raimann (1790 Wien bis 1836 Pottenstein /Niederösterreich)

Der Wiener Vorstadtjunge, Laufbursche, Zuckerbäckerlehrling wird Schauspieler, Theaterdirektor, Stückeschreiber – ein Leben so phantastisch wie Raimunds Zaubermärchen, Zauberpossen und Singspiele. Zugleich ist dieser Theatervirtuose, Theaterfanatiker ein Choleriker und ein Hypochonder voller Phobien. Reist er zu Gastspielen, um vor der Cholera zu fliehen oder um Rücklagen fürs Alter zu sammeln? Es schmeichelt ihm, wie er in München mit Einladungen hofiert und mit Gagen verwöhnt wird. Dreimal zwischen 1831 und 1835 hält er sich an der Isar auf, monatelang, und tritt im königlichen Hoftheater auf (in Wien bleibt ihm das Burgtheater verschlossen!), als „Rappelkopf" und „Gluthahn", als „Wurzel" und als „Valentin". Anfangs noch skeptisch gegenüber dem in Wien als „zweiter Shakespeare" gefeierten Raimund, umjubeln ihn bald auch die Münchner, Kränze und Blumen fliegen ihm zu, unter stürmischem Applaus. Verständlich, dass Raimund „nirgends lieber zu Hause ist als in München" (ausgenommen natür-

lich Wien). Doch ein Jahr nach seinem dritten Gastspiel ist er tot – aus Furcht, nach einem kleinen Hundebiss an Tollwut zu sterben, hat er sich in den Mund geschossen.
■ 102) Unterkunft nicht bekannt, Königliches Hoftheater (Neubau Nationaltheater, Max-Joseph-Platz)

Werke u.a.: *Der Verschwender* (1834)

103. Franziska Gräfin zu Reventlow, **eigentl. Fanny (Sophie Liane Auguste Adriane)**
(1871 Husum – 1918 Muralto/Tessin)

„Ich will und muß einmal frei sein, es liegt nun einmal tief in meiner Natur, dies maßlose Sehnen und Streben nach Freiheit", schreibt die junge Gräfin, Tochter eines preußischen Landrats, die unter ihrer konventionellen Erziehung leidet: „Von jungen Mädchen findet man's entsetzlich, wenn sie ein Selbst sein wollen ...". Gegen die Frauenbewegung vermerkt sie später jedoch, sie wolle die Frauen vermännlichen und sei das Ende aller erotischen Kultur. Volljährig geworden, nennt sie sich Franziska, verlässt die Familie und lebt in München, um Malerin (statt Lehrerin) zu werden. 1892 heiratet sie den toleranten Hamburger Juristen Emanuel Fehling, sieht sich aber bald ungeeignet zu einer bürgerlichen Ehe, kehrt nach München zurück. Einerseits ist sie auf materielle Unterstützung angewiesen, andererseits fehlt ihr hohe künstlerische Begabung: ihre Malerei wie auch ihre schriftstellerischen Arbeiten sind so außergewöhnlich nicht, sie muss sich mit Übersetzungen und Gelegenheitsarbeiten durchhelfen, und wenn die Not groß ist, lässt sie sich Geld von Liebhabern schenken – leiht und schenkt aber ihrerseits freigebig. Sie kennt die Schwabinger Dichterprominenz, in *Herrn Dames Aufzeichnungen* porträtiert sie Stefan George ironisch als „Weihenstefan". „Wahnmoching" – so nennt sie Schwabing – „ist eine geistige Bewegung, ein Niveau, eine Richtung, ein Protest, ein neuer Kult..." Seit 1897 hat sie einen Sohn, den sie abgöttisch liebt (den Vater offenbart sie nie). Rilke sah in ihr, der schönen Frau, die „Madonna mit dem Kinde". Erich Mühsam preist ihren „herrlichen Lebensmut, trotz ewiger Krankheit, ewigem Mißgeschick und quälendster Armut". Sie verlässt Schwabing 1913, geht nach Ascona. Nach schwerer Krankheit stirbt sie 1918.
Wohnungen – über zwei Dutzend!-: ■ 103a) 1903–06 Kaulbachstr. 63 (Wohngemeinschaft mit Bohdan von Suchocki und Franz Hessel) ■ 103b) 1910–13 Leopoldstr. 41 (Gedenktafel)

Werke u.a.: *Ellen Olestjerne* Roman (1903), *Herrn Dames Aufzeichnungen* Roman (1913), *Tagebücher* (1971)

104. Hans Werner Richter (1908 Bansin auf Usedom – 1993 München)
Aus amerikanischer Kriegsgefangenschaft kommt Richter 1946 nach München. Schon in den USA hat er als Gegner des Hitler-Regimes am *Ruf*, der Zeitschrift für deutsche Kriegsgefangene, mitgearbeitet. In München trifft er → Alfred Andersch wieder, ebenfalls ehemaliger *Ruf*-Mitarbeiter, und beide geben einen neuen *Ruf – Blätter der jungen Generation* unter der Aufsicht der amerikanischen Besatzer heraus, ein politisch-kulturelles Sprachrohr, eminent erfolgreich und wichtig in der Not- und Trümmerzeit. Der engagierte Ton, für soziale Gerechtigkeit und gegen rechten Nationalismus (dieselbe Gesinnung findet sich in Richters ersten Romanen), passt der amerikanischen Verwaltung nicht mehr, als der Kalte Krieg beginnt. Der *Ruf* wird 1947 eingestellt. Dank seiner zahlreichen Verbindungen mit der Nachkriegsgeneration deutscher Schriftsteller kann Richter – organisatorisch und kommunikativ begabt – aus einer Zusammenkunft Schreibender im selben Jahr im Allgäu die „Gruppe 47" gründen, er wird Initiator der deutschen Literatur in der Nachkriegsära.
■ 104) Floßmannstr. 13

Werke u. a.: *Die Geschlagenen* (1949), *Sie fielen aus Gottes Hand* (1951)

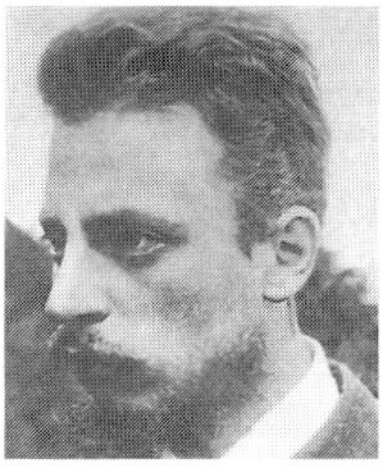

105. Rainer Maria Rilke, eig. René Maria Rilke (1875 Prag – 1926 Val-Mont/Montreux)
An rund hundert Orten hat Rilke gelebt, in rund 15 Ländern. In München zuerst im Jahr 1896, noch als Student, dann im Jahrfünft vom Ausbruch des Ersten Weltkriegs bis zur Jahresmitte 1919. Das Herbstvierteljahr 1896 ist ausgefüllt mit Visiten in literarischen Salons, der künftige Schriftsteller macht sich bekannt mit → Michael Georg Conrad, mit Björnstjerne Björnson, mit → Max Halbe, dem bitterarmen → Jakob Wassermann und mit → Ludwig Ganghofer (dessen „vierzehnjährige ‚Lolo', seine Tochter, nicht sein schlechtestes Werk" sei, notiert Rilke). Im folgenden Sommer wohnt er in Wolfratshausen südlich von München in Nachbarschaft seiner Freundin Lou Andreas-Salomé, mit der er Russland erleben wird. In den Weltkriegsjahren verstummt sein Dichten mehr und mehr, ratlos vor den Schrecken des Krieges, dessen Ausbruch er enthusiastisch wie so viele Künstler und Schriftsteller in ganz Europa begrüßt hat: „Heil mir, daß ich Ergriffene sehe" *(Fünf Gesänge – August 1914)*. Rilke beschäftigt sich mit Kafka, mit expressionisti-

scher Dichtung, liest die von Karl Kraus herausgegebene *Fackel* (und begegnet ihm auch während seines halbjährigen Dienstes 1916 im Kriegsarchiv in Wien). Nah befreundet ist er mit dem österreichischen Kulturforscher Rudolf Kassner, auch mit → Regina Ullmann, → Wilhelm Hausenstein, → Hans Carossa und dem Maler Paul Klee, der in der Ainmillerstraße sein Nachbar ist. Von den Münchner Groß-Autoren wie Thomas Mann und Stefan George hält er sich fern. Am Ende der Münchner Jahre ist unter Rilkes Gästen → Claire Goll (Claire Studer), sie erleben eine heftige, kurze erotische Beziehung. – Rilkes Sympathie für die russische Oktoberrevolution, seine Bekanntschaft mit Kurt Eisner und seine Freundschaft mit Ernst Toller haben nach dem gewaltsamen Ende der Räterepublik Komplikationen zur Folge, zweimalige Haussuchung und Polizeiverhör. So schnell wie möglich, aber durch Passformalitäten verzögert reist Rilke Mitte 1919 in die Schweiz. Viel zu lange, scheint ihm, ist er an einem Ort geblieben, München ist ihm „wie ein Buch, das ich zwanzigmal im Gefängnis vom Anfang bis zum Schluss durchgelesen hätte."

■ 105a) 1915–17 Keferstr. 11 (heute Keferstr. 2, Neubau) ■ 105b) Ainmillerstr. 34 (Gedenktafel)

Werke u. a.: *André Gide, Die Rückkehr des verlorenen Sohns* Übersetzung (1914), *Die vierundzwanzig Sonette der Louize Labé 1555* Übersetzung (1917)

106. Joachim Ringelnatz, eig. Hans Bötticher, (1883 Wurzen bei Leipzig – 1934 Berlin)

ist schon zur See gefahren und weit herumgekommen, als er sich 1908 im Münchner Osten als klinkenputzender Kaffeeverkäufer und ungelernter Buchhalter durchzuschlagen versucht. Zu seinem Glück entdeckt der junge Mann aus gutem Hause in der Türkenstraße Kathi Kobus' „Simplicissimus" und seine Begabung zum Komiker, Moritatensänger und Kabarettisten. „Künstler, Studenten, Mädchen, elegante Herrschaften. Das saß eng gepreßt um weiß gedeckte Tische", erinnert er sich später an das berühmte Hinterzimmer in der Türkenstraße: „Der ‚Simpl' war der Mittelpunkt der Bohème und war weltbekannt geworden. Wer in München lebte oder studierte, ging dorthin. Wer durch München reiste, kehrte bei Kathi ein. Ja, es kamen Leute aus Amerika und anderen Ländern weit her, nur um sie und ihre Künstlerkneipe kennenzulernen." Ringelnatz avancierte zum „Hausdichter" und führte zeitweise noch den kuriosesten Tabakladen Münchens. Im Ersten Weltkrieg Kommandant eines Minensuchboots, dann zeitweise in Berlin und oft auf Reisen, hat Ringelnatz sein Domizil bis 1930 in München.

■ 106a) Arcisstr. 46 (Neubau) ■ 106b) Hohenzollernstr. 31a ■ 106c) Tabakladen: Schellingstr. 23

Werke u.a.: *Kutteldaddeldu* (1920), *Mein Leben bis zum Kriege* (1931), *Und auf einmal steht es neben dir.* Gesammelte Gedichte (1982)

107. Franz Ringseis, eig. Anton Neuhäusler (1919 München – 1997 München)
Er ist Lehrerssohn, wird Philosophieprofessor, kann seinen Hörern den Weg in die Relativitätstheorie öffnen, zeigt später im Leben aber auch noch ganz andere Gaben. Ein Lyriker, altbayerisch Verse schmiedend, ein Mundartdichter? Ringseis macht Sinn- und Unsinnssprüche, lässt Satire und Lebensweisheiten aufblitzen, zum Alltagsgebrauch, und mit einer stattlichen Reihe seiner Bücher hat er sich einen Sonderplatz in der Abteilung „Bavarica" erworben. Über die Münchner zum Beispiel: „I war no nia im Leben / auf da Bavaria./ A Münchner waar i ja / aber dees iss ja ebn. / – D Pinakothek, ja klar, /do war i scho amoi drin / obwoi i a Münchner bin, / wiar i a Buaberl war. / – ... I war aa in Athen / auf da Akropolis, / mitm Papaloupopolis, / den i von Minga kenn. / – Weil Minga liebt a sehr, / do konn ma sogn: Der kennts! / Und kimmt a wieder her, / zoagt a ma d Residenz." ■ 107) Denninger Str. 202

Werke u.a.: *Augnstern, i hab di gern ???? A bißl Zeit für d'Ewigkeit ???? A Wassafoi mechat i sei. Bairische Gedichte (1968)*

108. Alexander Roda Roda, eig. Sándor Friedrich Rosenfeld (1872 Puszta Zdenci/Slawonien bis 1945 New York)
muss als k.u.k.-Offizier seine Militärkarriere aufgeben, weil er einen „Ehrenhandel" verhindert hat. Von 1905 an in München, Anschluss an Schwabinger Kreise (Simplicissimus, Erich Mühsam, Gustav Meyrink, Zusammenarbeit an Bühnenstücken, u.a. *Bubi*), beliebt als humoriger Vortragskünstler seiner Werke. Die Anekdote, in kürzester Pointiertheit oder als freundliche Plauderei, entwickelt er zur Kunstform. Sein Werk umfasst prägnante Erzählungen, Romane, Theaterstücke (die mehrmals das Missfallen der Zensur erregen). Aufenthalt in München bis 1926, durch häufige Reisen und die Zeit als Kriegsberichterstatter 1914–19 unterbrochen. ■ 108a) 1905 Clemensstr. 2 ■ 108b) 1911–13 Kaiserplatz 5/I ■ 108c) 1919–26 Montsalvatstr. 3

Werke u.a.: *Schummler, Bummler, Rossetummler* (1909), *Feldherrnhügel* (mit Carl Rößler, Bühnenstück, 1909), *Schwabylon oder Der sturmfreie Junggeselle* (1921)

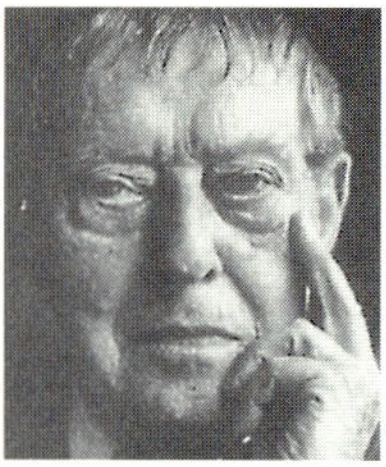

109. Eugen Roth
(1895 München – 1976 München)
hilft schon von Kindesbeinen an dem Vater bei der Arbeit, dem Redakteur Hermann Roth, der sechzig Jahre für die *Münchner Neuesten Nachrichten* tätig und damals vielleicht der bedeutendste Chronist der Stadt war, ein publizistisches Urgestein Münchens. Der Sohn folgt nach Kriegsverletzung und ausgreifendem Studium der Geisteswissenschaften dem Vater in die Zeitungsredaktion (die nach 1945 dann zur *Süddeutschen Zeitung* wurde). 1933 von den Hitler-Leuten auf die Straße gesetzt, versucht Eugen Roth sich als Autor, schreibt Erzählungen und Verse. Zehn Verlage sind blind für die Qualität der *Ein Mensch*-Verse, erst der elfte nimmt die goldene Chance wahr – und Verlag und Autor werden binnen weniger Jahre zu Auflagenmillionären. Auf den ersten Blick kommen Roths Alltagsweisheiten heiter und komisch daher, pflegen scheinbar schlicht gemütlichen Umgang mit den Tücken des Alltags. Von Herzen preisen sie das Glück des Privaten, nicht ohne an seine Grenzen zu erinnern. Zum herzlichsten, heitersten aller seiner Werke gerät Vater Roth der kleine Band „Unter Brüdern", den er über die Kinderjahre seiner beiden Söhne verfasst hat – anekdotenbunt und mehr als nur ein bisschen weise, denn: „Erziehung war bisher eine Kunst", meint Roth bereits um die Mitte des 20. Jahrhunderts, „jetzt läuft sie Gefahr, eine Wissenschaft zu werden. Die probaten Hausrezepte der Pädagogik sind in Verruf geraten, die höhere Seelenkunde hat die Herrschaft angetreten, Richter wie Erzieher sind verwirrt vom Verworrenen. Meine Söhne, so klein sie waren, haben ihre mächtige Beschützerin Psychoanalysia längst schätzen gelernt, und wir müssen ihnen dankbar sein, dass sie uns bei der Erziehung beraten." Unleugbar ist Roth ein Grantler, der dem Dasein mißtraut, und doch parliert dieser Verskünstler in jenem leichten Ton, der immer das Schwerste ist. So einer wird gern gelobt, besser noch geliebt, darum merke: „Ein Mensch, der Eugen Roth nicht liebt, verdient es, dass es ihn nicht gibt". Roth-Freunde finden es zumindest befremdlich, im 21bändigen Werk „Kindlers Neues Literatur Lexikon" zwar Friederike und Gerhard, auch Henry und natürlich Joseph und Philip Roth zu begegnen, aber vergeblich nach Eugen Roth zu suchen.

■ 109a) um 1933 Karlstr. 20, ■ 109b) Fuststr. 60, ■ 109c) seit 1957 Bäumlstr. 9

Werke u. a.: *Erde, der Versöhnung Stern* (1920), *Ein Mensch* (1935), *Die Frau in der Weltgeschichte* (1936), *Eugen Roths Tierleben* (1948/49), *Der letzte Mensch* (1964), *Erinnerungen eines Vergesslichen* (1972)

110. Joseph Ruederer
(1861 München – 1915 München)

Der Großvater ist Landwirt und Gastronom und mit Grundstücksgeschäften so geschickt, dass sein Sohn Bankier, Mitbegründer der Münchner Löwenbrauerei und portugiesischer Generalkonsul werden kann. Joseph Ruederer, in der dritten Generation, will Schriftsteller werden, soll aber in Berlin Wirtschaftswissenschaften studieren und macht schon als junger Mann mit Patentgeschäften Konkurs. Wieder zu Geld gekommen, wendet er sich zur Literatur. „Einen reichen und unabhängigen ‚Großkopfeten'", nennt ihn Otto Falckenberg, „der aber ... jeden Rest von Bürgerlichkeit abgestreift (hatte) und mit einer Offenheit, Klarheit und Tapferkeit ohnegleichen gegen alles Front machte, was im sozialen und künstlerischen Leben angreifbar war". Ob auf der Bühne oder in der Erzählung, Ruederer ist kritisch bis polemisch, und seine Themen sind immer bayerisch, auf dem Bauernhof wie in der sogenannten guten Gesellschaft. Der „Urmünchner" Ruederer handelt sich den Ruf eines Anti-Münchners ein, mit abfälligen Sprüchen: „Der Niedergang Münchens als Kunststadt ist ja schon lange vollzogene Tatsache, die Preußen werden über kurz oder lang die Stadt erobern, der Hofbräukeller wird Berliner Jargon sprechen und der bayerische Staatsbürger in deutscher Reichseisenbahn zum Starnberger See fahren" (1907). Eine Huldigung an das alte München sollte Ruederers Roman-Tetralogie *Wo die Isar rauscht* werden, veröffentlicht wurde nur der erste, immer noch lesbare Band. ■ 110a) Giselastr. 7 ■ 110b) Maria-Theresia-Str.20

Werke u.a.: *Die Fahnenweihe* Komödie (1895), *Der Schmied von Kochel* Tragödie (1911), *Weißblaue Achtundvierziger* (Roman, zuerst erschienen 1916 unter dem Titel *Das Erwachen*)

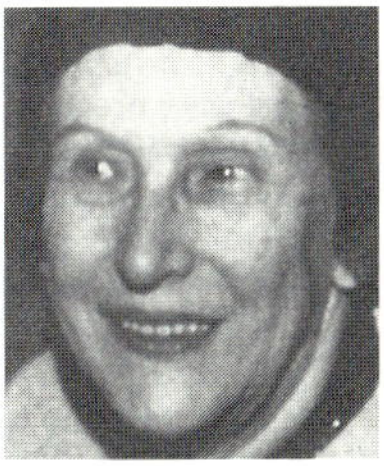

111. Oda Schaefer, geb. Kraus
(1900 Berlin – 1988 München)

Die Tochter baltischer Eltern veröffentlicht früh Gedichte (u.a. *Die Windharfe*, 1939), wird vom chaotischen Ende des Zweiten Weltkriegs mit ihrem schwerverletzten Mann Horst Lange aus Schlesien nach Bayern verschlagen und ist bald journalistische Mitarbeiterin beim Feuilleton der *Neuen Zeitung*. Im Schwabinger Nachkriegs-Nachtleben wirbelt sie „der erste Fasching durch die Münchner Bohème ... Wir freuten uns über die Montmartre-Sitte, Kerzen in leere Flaschen zu stecken, es kam uns weltstädtisch vor. Eine Kellnerin sang zwischen dem Service französische Schlager mit deut-

schem Text, irgendwelche Schönheitskonkurrenzen fanden statt, Bruno E. Werner war Preisrichter, es geschah alles in einem beseligenden Nebel, der Zeichner Henry Meyer-Brockmann, Olaf gerufen wie Gulbransson, wollte mir zuliebe einen Ofen umwerfen, aber ich bat ihn, lieber eine Kerze zu essen." In einem „Nachruf auf sich selbst" heißt es, sie habe sich „immer als Berlinerin gefühlt, auch als sie München lieben lernte."
■ 111a) Hechtseestr. 71 ■ 111b) Züricher Str. 104, Fürstenried

Werke u.a.: *Irdisches Geleit* Gedichte (1946), *Ladies only* Gesammelte Aufsätze (1963), *Auch wenn du träumst, gehen die Uhren* Lebenserinnerungen (1970), *Die leuchtenden Feste über der Trauer* (1980)

112. Ruth Schaumann

(1899 Hamburg – 1975 München)
lernt von 1917 an in München Zeichnen, dann auf der Kunstgewerbeschule von Richard Riemerschmid Skulptur bei Joseph Wackerle. Die seit dem siebten Lebensjahr gehörlose junge Frau veröffentlicht 1920 Gedichte in der Reihe *Der jüngste Tag* bei Kurt Wolff. Sie heiratet 1924 Friedrich Fuchs, Redakteur der Zeitschrift *Hochland*, und konvertiert zum katholischen Glauben, der in ihrem Schaffen allenthalben sichtbar wird. Sie ist eine Bekennerin, gegen Taufschein-Christentum. Unter dem Druck des Hitler-Regimes muss sie ihre Tätigkeit auf bildnerische Arbeit, auf Graphik, Scherenschnitte, kleine Skulpturen beschränken, da sie keine Konzessionen machen will. Ihre Prosa scheut sich nicht vor Themen, die bis heute strittig sind: Abtreibung, künstliche Zeugung, aktive Sterbehilfe. Sie vermeidet Erbauliches, es geht ihr um Verstrickung und Schuld. Nach 1945 wurde sie zu Unrecht als nicht mehr zeitgemäß angesehen.
■ 112a) Renatastr. 59a ■ 112b) in den 20er Jahren: Kaulbachstr. 62a (Neubau)

Werke u.a.: *Der blühende Stab* (1929), *Amei – Eine Kindheit* autobiographischer Roman (1932), *Die Karlsbader Hochzeit* (1953), *Die Herzogin von Urbino* (1933), *Das Arsenal* Autobiographie (1968)

113. Joseph Viktor von Scheffel

(1826 Karlsruhe – 1886 Karlsruhe)
Der ehemalige Jurist und Maler kommt nach längerem Aufenthalt in Italien 1856–1857 nach München, wo er einen Roman schreiben will. Wegen des plötzlichen Todes seiner sehr geliebten Schwester bricht er Roman und Aufenthalt ab. Auch der Anschluss an die damaligen Münchner Dichterkreise gelingt dem sensiblen

Dichter nicht. Scheffel wird wegen seiner volkstümlichen Dichtungen in seiner badischen Heimat 1876 geadelt.
■ 113) Ludwigstr. 18

Werke u.a.: *DerTrompeter von Säckingen* (1854), *Ekkehard* (1857)

114. Friedrich Wilhelm Joseph Schelling

(1775 Leonberg/Württemberg bis 1854 Bad Ragaz/Schweiz)

Ein Früh- und Hochbegabter, ist Schelling als Naturphilosoph schon um die Jahrhundertwende bekannt, 28jährig hat er eine Professur in Würzburg. Einem drohenden Karriereknick in der stockkatholischen Bischofsstadt weicht er 1806 nach München aus und erreicht dort 1808 die Berufung in die Akademie der Wissenschaften und – auch dank seiner vielbeachteten Rede über *Das Verhältnis der bildenden Künste zur Natur* – zum Generalsekretär der Akademie der bildenden Künste. Die Erhebung in den Adelsstand folgt. 1820–27 lehrt Schelling in Erlangen, kehrt dann als Professor an die neugegründete Universität nach München zurück, wird dort Vorstand der Akademie der Wissenschaften und Lehrer des späteren Königs Maximilian II. In den restaurativen 1830er Jahren wird er viel angefeindet unter so widersprüchlichen Vorwürfen wie Amoralismus, Materialismus, Atheismus, aber auch Mystizismus und Kabbalistik. Unter dem Einfluss → Baaders und in Trauer um den Tod seiner ersten Frau (Caroline Schlegel) wendet Schelling sich den Fragen der Irrationalität des Seins zu. Erst als Mittsechziger, 1842, wechselt er noch nach Berlin in den preußischen Staatsdienst.
■ 114) Promenadestr. 10, heute Kardinal-Faulhaber-Str. (Neubau, heute Hypobank) Denkmal: Maximilianstraße

Werke u.a: *Von der Weltseele* (1806), *Philosophische Untersuchungen über das Wesen der menschlichen Freiheit* (1809), *Das System der Weltalter* (1827/1856), *Philosophie der Offenbarung* (1858, als Vorlesung 1841/42), *Die Weltalter* (1861, in der Fassung von 1814/15)

115. Johann Andreas Schmeller

(1785 Tirschenreuth – 1852 München)

S

Den Sohn eines oberpfälzischen Korbmachers bringt eine Soldatenkarriere in verschiedene Länder Europas, sein Sprachtalent (er erlernt mehr als zwei Dutzend Sprachen) wird dabei offenbar. 1816 als Offizier nach München zurückgekehrt, beginnt er Material für ein Bayerisches Wörterbuch zu sammeln, von seinen Vorgesetzten dafür auf unbestimmte Zeit beurlaubt. Das Projekt wird anfangs von Kronprinz Ludwig (später Ludwig I.) finanziell gefördert, doch Schmeller nicht hinreichend gewürdigt, eine außerordentliche Professur der Germanistik nach wenigen Jahren wieder entzogen. Immerhin wird er 1829 Kustos an der Hof- und Staatsbibliothek. Oft am Rande des finanziellen Zusammenbruchs, bringt Schmeller das Wörterbuch bis 1837 in vier Bänden zum Druck. Jakob Grimm, der Gründer des Deutschen Wörterbuchs, rühmt es als „unerreichbares Muster". Schmeller hat eine Enzyklopädie bayerischen Lebens geschaffen, hat damit auch die Mundart gegenüber der Hochsprache wieder in ihr Recht gesetzt. Seine „Wortklauberey", bei der er Wort um Wort im sozialen und kulturgeschichtlichen Umfeld klärt, setzt er weiterhin fort, kümmert sich auch um alte Handschriften, ediert mittelalterliche Texte wie den *Heliand* und die *Carmina Burana*. Er stirbt, nun anerkannt und geehrt, schließlich an der Cholera. ■ 115) Theresienstr. 2 (Neubau)

Werke: *Bayerisches Wörterbuch* (zuletzt Neudruck 1985)

116. Maximilian Schmidt, genannt Waldschmidt (1832 Eschlkam, heute Oberpfalz – 1919 München)

Aus dem elterlichen Beamtenhaushalt geht der junge Student 1848 nach München, er wird Offizier, heiratet reich, nimmt nach dem Feldzug 1866 seinen Abschied, verliert durch unglückliche Umstände sein Vermögen und kann nun, da er immerfort schon Geschichten aus dem Volk gesammelt und weitergesponnen hat, seine Kraft auf schriftstellerische Arbeit legen. Er wohnt von 1875 an wieder in München. Seine Liebe gilt besonders seiner Jugendheimat, dem Bayerischen Wald, viele seiner „Volkserzählungen" spielen dort. In Anerkennung seiner populären Schriften und Stücke (60 Volkserzählungen, 40 Humoresken und Skizzen, 40 dramatische Arbeiten und zwei Gedichtbände) wird ihm und seinen Nachkommen gestattet, sich das „genannt Waldschmidt" an den Namen zu hängen. Federführend ist er 1890 an der Gründung des Landesvereins zur Hebung des Fremdenverkehrs in Bayern beteiligt – Fremdenverkehr als wirtschaftliche Hilfe für arme Gebiete. München hat er besungen: „... Denn dös is ja, wer woas dös nöt? / halt gar so vielmal schön, / Daß's jeden wiader zuawi ziagt, / Der oamal durt is g'wen." ■ 116) Thierschstr. 47 (Gedenktafel)

Werke u.a.: *Der Schutzgeist von Oberammergau* Roman (1880), *Im Herzen des Waldes. Kulturbild aus dem Bayerisch-Böhmischen Waldgebirge* (1890), *Der goldene Steig* (mit dem durch Waldschmidt bekannt gewordenen Böhmerwaldlied,1893), *Meine Wanderungen durch 70 Jahre* Autobiographie (1910)

117. Rudolf Alexander Schröder

(1878 Bremen – 1960 Bad Wiessee)

Der Lyriker und Essayist, berühmt geworden durch seine Dichtungen im neoklassizistischen Stil, immer einem protestantisch-traditionellen Humanismus verpflichtet, kommt zum Studium nach München. Mit seinem Cousin Alfred Heymel und → Otto Julius Bierbaum gründet er die Zeitschrift *Insel* (1899-1902). Die Münchner Zeit wird eine der besten lyrischen Schaffensperioden Schröders. Da er auch Architekt (und Maler und Designer) ist, entwirft er das Wohn- und Verlagsgebäude der *Insel*, stattet es zusammen mit seinem Freund Heinrich Vogeler aus Worpswede aus. Von 1928 an war R.A.Schröder Ehrendoktor der Münchner Universität. Die von ihm initiierte bibliophile *Bremer Presse* (seit 1913) befand sich bis 1944 in der Georgenstr. 16a.

■ 117) Verlagshaus der Insel: Leopoldstr. 4 (verändert)

Werke u.a.: *Unmut* Gedichte (1899), *Lieder an eine Geliebte* (1900), *Sprüche in Reimen* (1900), *An Belinde* (1902), beteiligt an der Sammlung *Deutsche Chansons* (1902)

118. Christian Friedrich Daniel Schubart

(1739 Obersontheim/Schwaben – 1791 Stuttgart)

kommt als Vertriebener nach München, wegen liederlichen Lebenswandels aus dem württembergischen Herzogtum ausgewiesen. Pfarrerssohn, Lyriker, Deklamator und kritischer Publizist, sucht er 1773/74 unter der aufgeklärt absolutistischen Regierung des bayerischen Kurfürsten Maximilian III. Joseph eine Existenzmöglichkeit. München bewundert er: Selten wird man, erinnert er sich später, „in einem Lande eine allgemeinere, heißhungrigere Lehrbegierde antreffen, als in Baiern. Auf den sogenannten Dulden (= Dulten) oder Messen werden die protestantischen Buchhändler meist ausgekauft. Der gewöhnliche Gesprächsstof auf Kaffehäusern, bei Tafeln und in großen Gesellschaften ist litterarischen Innhalts." Schon König Gustav Adolf habe München Räder gewünscht, um es nach Schweden rollen zu können ... In der Zeitschrift *Deutsche Chronik*, die er zwar nicht in München, aber in Augsburg, dann in Ulm herausgeben kann, polemisiert Schubart heftig gegen fürstliche und kirchliche Willkür. Von Spitzeln des Württemberger Herzogs Karl Eugen über die Grenze gelockt, wird er verhaftet und ohne Gerichtsverhandlung zehn Jahre lang in den Festungsgewölben auf dem Hohenasperg eingesperrt.

■ 118) Unterkunft bisher nicht ermittelt

Werke u.a.: Schubart's *Leben und Gesinnungen. Von ihm selbst im Kerker aufgesetzt.* (Erster Teil, Stuttgart 1791)

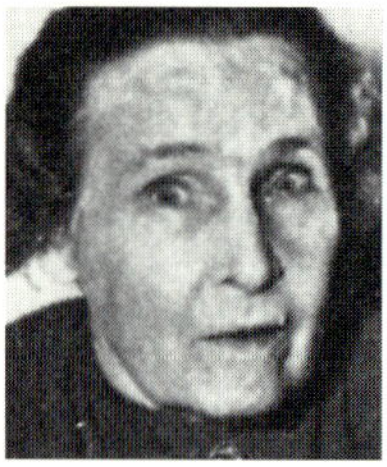

119. Ina Seidel

(1885 Halle/Saale – 1974 Ebenhausen bei München)

wächst als junges Mädchen von 1897 bis 1907 in Schwabing auf. Sie beobachtet die Vielfalt der blühenden Kulturstadt, die traditionellen Familien, die Hochschullehrer-Elite, die Künstlerkreise aus der Perspektive der behüteten Bürgertochter, wobei sie das Aufkeimen der Wünsche in der Jugend nach Erneuerung, nach „dem Recht auf eine von innen her bestimmte Lebensform" spürt. Ina Seidels Lebensweg führt sie als Frau ihres Vetters, des Schriftstellers und Pfarrers Heinrich Wolfgang Seidel, nach Berlin. Schwer erkrankt, beginnt sie ihr literarisches Wirken in protestantischem Geist, produktiv als Lyrikerin wie als Autorin vielgelesener Romane, Erzählungen und Biographien. Seit 1934 lebt sie wieder in der Nähe von München, in Starnberg. Wenige Jahre vor ihrem Tod schreibt sie in ihrem „Lebensbericht 1885–1923" einen Nachruf auf das Schwabing um 1900: „Auf dem Nikolaiplatz, der zu unserer Zeit der Treffpunkt der jungen Dichter des Kreises um Waldemar Bonsels und Hans Brandenburg mit Mädchen in Reformkleidern war, die langstielige Tulpen in den Händen trugen – was ich von unserem Balkon aus gern beobachtete –, ja, auf den Bänken dort sonnen sich immer noch alte und junge Menschen. Aber ihre Ruhe und die Spiele der umwohnenden Kinder sind von Autobussen und anderen Kraftwagen bedroht. ... Die Schüler und Schülerinnen der Debschitz-Kunstschule – sie stand noch unter der Mitleitung des genialen Hermann Obrist –, die bunte Bohème, die Schwabing das Gepräge gaben, wo sind sie hin?" ■ 119) 1903-1907 Nicolaiplatz 1a

Werke u.a.: *Das Wunschkind* (1930), *Lebensbericht 1885–1923* (1970)

120. Siegfried (Sigi) Sommer

(1914 München – 1996 München)

Lokalreporter – ihn so zu bezeichnen ist nicht falsch, aber unzureichend, Vorstadtpoet – das klingt zu versponnen und verschroben – er ist ein Flaneur, wacher Beobachter, genauer Berichter, elegant, wenn auch immer etwas verknittert in seinen hellen Anzügen. Humorig auch beim Tadeln, nachsichtig querulierend, so begleitet er Münchens Heranwachsen von einer gemütvollen zu einer modernen Großstadt. Ein Werk voller Münchner Sozialgeschichte von einem original Münchner G'wachs. Ehemals Elektro-Installateur, dann Zeitungsschreiber, verfasst ‚Sigi' Sommer fast 6 000 Lokal-Kolumnen, rund 40 Bücher, darunter 1953 *Und keiner weint mir nach* (Brecht nannte das Buch damals „den besten Roman, der nach dem Krieg in Deutschland geschrieben wurde"). ■ 120a) bis 1960 Kurfürstenstr. 51 (Neubau), ■ 120b) seit 1961 Wurzerstr. 17 (Neubau)

Werke u. a.: *Blasius, der Letzte Fußgänger* Münchner Feuilletons (1960), *Aus, Äpfe, Amen (das Abschiedsbuch)* (1986)

121) Oswald Spengler

(1880 Blankenburg/Harz – 1936 München)

Mathematiklehrer ist er nur drei Jahre, in Hamburg, schon 1911 wird er Schriftsteller und Privatdozent in München – und bald berühmt. Sein geschichtsphilosophisches Hauptwerk *Der Untergang des Abendlandes* trifft am Ende des Krieges mit dem prophezeiten Ende der europäischen Kultur den Nerv der erschöpften Menschen. In den Münchner Revolutionstagen 1919 sind Spenglers Briefe voll pauschaler Verachtung: „Voraussetzung ist die geistige Inferiorität des Bayern, der stumpf und gemütlich hinnimmt, was irgendeine Clique ihm aufredet oder aufschwatzt." Das unbeholfene Räte-Experiment einer sozialistischen Wohnungswirtschaft empört den standesbewussten Gelehrten: „Ich habe drei sehr kleine, kalte und geräuschvoll gelegene Zimmer, die ich jetzt gern gewechselt hätte. Aber das eigenmächtige Suchen von Wohnungen ist verboten. Man hat sich zu melden, bekommt einen Kontrollschein mit Nummer und erhält nun der Reihe nach diejenigen Zimmer zugewiesen, die in der andern Kontrollliste als freigeworden vermerkt sind, ob in Schwabing oder Giesing, über einer Weiberkneipe oder in einem ehemaligen Palais, ob es sich um einen Schriftsteller, Zuhälter oder eine Nähmamsell handelt, wird nicht berücksichtigt." Eine nationale Diktatur wäre Spengler willkommen, nicht die Weimarer Demokratie. Vor den Karren der Nationalsozialisten lässt er sich jedoch nicht spannen. ■ 121a) 1914-25 Agnesstr. 54 ■ 121b) Widenmayerstr. 26 (auch Todesort), Grab: Nordfriedhof

Werke u. a.: *Der Untergang des Abendlandes* (1918–22), *Der Mensch und die Technik* (1931), *Jahre der Entscheidung* (1933)

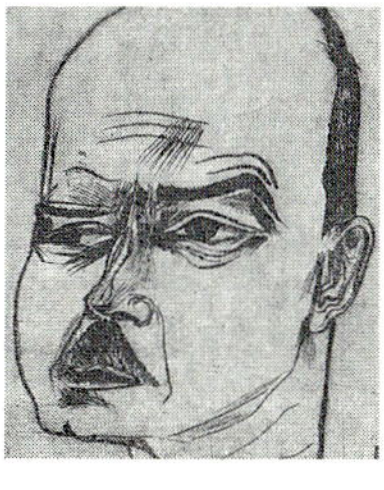

122. Carl Sternheim

(1878 Leipzig – 1942 Brüssel)

Schon als Student 1897 in München gründet er mit → Franz Blei die literarische Zeitschrift *Hyperion* (1908) und entwickelt seine gesellschaftskritische, in Bild und knappem Ausdruck bissige dramatische Kunst, Schwierigkeiten mit der Zensur bleiben ihm nicht erspart. Von 1906

S

bis 1912 lebt er in München, baut sich 1907 im Vorort Pullach/Höllriegelskreuth eine aufwändige Villa. Er berichtet in seinen späteren Erinnerungen *Vorkriegseuropa im Gleichnis meines Lebens* verklärend von der gemütlichen Münchner Sozialstruktur: „Es gab ... zwischen dem alten, drolligen Prinzregenten Luitpold und dem ersten besten Trambahnschaffner keinen Standesunterschied ..."
■ 122) Das Haus „Belle Maison" in Pullach existiert nicht mehr.

Werke u.a.: Theaterstücke: *Die Hose* (1911), *Die Kassette* (1912), *Bürger Schippel* (1913), *Vorkriegs-Europa im Gleichnis meines Lebens*. Autobiographie (1936)

123. Ludwig Thoma (1867 Oberammergau bis 1921 Rottach/Tegernsee)
Der berühmteste Dichter Altbayerns steht noch am Anfang seiner literarischen Karriere, ist noch ein Provinzanwalt, als er den Umzug von Dachau in die Residenzstadt wagt und 1897 am Promenadeplatz seine Anwaltskanzlei einrichtet. Zwei Jahre später gibt er den Anwaltsberuf auf, der Förstersohn und antiklerikale Jurist hat sich als ein scharfer politischer Satiriker bei Albert Langens *Simplicissimus* profiliert, macht Karriere in der Redaktion und, mehr als das, sammelt bald quer durch Deutschland „stürmische Erfolge" mit seinen Lustspielen. Gegen Scheinheilige und Spießbürger, gegen Arroganz und Prüderie zieht Thoma zu Felde, auch in seinen hart-naturalistischen Bauerngeschichten. 1906 muss er wegen Beleidigung sechs Wochen ins Gefängnis. „Thomas Blitze schlagen aus der Plüschzeit in jede denkbare Gegenwart", schreibt Georg Hensel (*Spielplan*) – so auch seine Kritik an Münchens Gründerjahren um 1880: „Ein Stück Altmünchen nach dem andern wurde dem Verkehr, dem großstädtischen Bedürfnisse, dem Zeitgeist oder richtiger der Spekulation geopfert." Nach dem Weltkrieg schlagen Kritik und Satire in Schimpfkanonaden um, Thoma agitiert gegen die „preußisch-bolschewistische Regiererei" in Berlin, gegen die bayerischen Bauern, die ihren König „verraten" haben, gegen die junge Republik. Mehr als 150 Hetzartikel erscheinen anonym im *Miesbacher Anzeiger*. Im August 1921 wird Thoma nach jahrelang verdrängten Magenbeschwerden in München operiert. Zu spät, drei Wochen später stirbt er an Krebs. ■ 123a) Lerchenfeldstr. 5 (verändert) ■ 123b) Türkenstr. 36 (Neubau) ■ 123c) 1905 Franz-Joseph-Str. 9 ■ 123d) 1906 bis 07 Leopoldstr. 71; 1908 Umzug ins stattliche eigene Haus am Tegernsee. Büste in der Ruhmeshalle auf der Theresienhöhe.

Werke u.a.: *Die Medaille* Komödie (1901), *Die Lokalbahn* (1902), *Lausbubengeschichten* (1905), *Andreas Vöst* Roman (1906), *Briefwechsel eines Bayrischen Landtagsabgeordneten* (1909), *Moral* Komödie (1908), *Jozef Filsers Briefwechsel* (2.Buch, 1912)

124. Ludwig Tieck

(1773 Berlin – 1853 Berlin)

In einer Schaffenskrise kommt der junge Dichter 1805 nach München, verlässt die Stadt bald wieder, um u.a. nach Rom zu reisen, kehrt krank, in Geldschwierigkeiten und in einer Glaubenskrise nach München zurück. Die Eheturbulenzen seiner Schwester belasten ihn zusätzlich, und alle Bemühungen um eine Stellung, etwa an einer der Akademien, bleiben vergeblich. Zuvor im Kreis der Jenaer Frühromantik mit seinem Roman *Franz Sternbalds Wanderungen* zu Ehren gekommen, wird Tieck von den Münchner Romantikern abgelehnt, nur ein Freund und → Bettine Brentano pflegen und ermuntern den von Rheuma und Gicht Geplagten. Erst nach dem dem Abschied von München (1811) vollendet Tieck den *Phantasus*, ein Resümee seiner bis dahin entstandenen Werke. Kein Wunder, dass er noch 1827, als er einen Ruf an die Münchner Universität ablehnt, einem Freund auflistet: „Vortheile (Münchens): 1) Nähe von Tirol, Salzburg, und Italien: man kann nach Verona reisen, fast wie von Dresden nach Berlin; 2) Herrliche Bibliothek. 3) Noch trefflichere Kunstschätze ... Nachtheile: 1) Abscheuliches Nest, 2) Schlimmes Clima, 3) Schlechte Wohnungen, 4) Rohe Nation, 5) Theurung, wenigstens wie in Berlin, ohne soviel wie dort davon zu haben ...“

■ 124) Max-Joseph-Platz (Hausnummer nicht bekannt)

Werke u.a.: *Phantasus* (1812/17), Herausgabe der von August Wilhelm Schlegel übersetzten Dramen Shakespeares.

125. Ernst Toller

(1893 Samotschin bei Bromberg, heute Bydgoszcz/Polen – 1939 New York)

Der nervlich empfindliche junge Mann erlebt als Kriegsfreiwilliger vor Verdun die Wandlung zum entschiedenen Pazifisten. Als Kranker kommt er 1917 wieder nach München zum Studium. Erste Gedichte und Grotesken, erste politische Aktivität für einen Frieden durch Verhandlungen. In der Zeit der Räterepublik ist Toller zeitweise Abschnittskommandeur der Roten Armee, tritt zurück wegen Meinungsverschiedenheiten mit den Kommunisten, sieht seine pazifistischen Absichten scheitern. Als die Truppen der reaktionären Landtagsregierung München unter Kämpfen besetzen, muss Toller sich versteckt halten, um nicht dem Terror zum Opfer zu fallen, wird in einem Hochverratsprozess zu fünf Jahren Haft verurteilt, die er in Niederschönenfeld in Bayern ableistet. Vor und nach den Monaten der Räterepublik ist Toller unablässig schreibend tätig, in den folgenden Jahren werden seine gesellschaftskritischen und pazifistischen Theaterstücke in vielen Städten Deutschlands aufgeführt, z. T. unter heftigem Protest rechtsradikaler Störer. Von 1933 an führt ihn ein Emigrantenschicksal in die USA. Im Frühjahr 1939, als der Faschist Franco in Spanien an die Macht gekommen, in der Sowjetunion durch die „Säuberungen“ Stalins die Hoffnung auf einen gerechten friedlichen Sozialismus vernichtet ist, Hitler anscheinend mit Erfolg seinen imperialistischen Kurs in Europa fortsetzt, macht Ernst Toller seinem Leben durch Freitod ein Ende. ■ 125a) 1917 Akademiestr.11 (Neubau) ■ 125b)1918 Akademiestr.7 (Pension Romana) ■ 125c) 1918/19 Ludwigstr. 4/IV (Pension Ludwigsheim, Neubau)

Werke u. a.: *Die Wandlung* Drama (1917), *Die Rache des verhöhnten Liebhabers* Puppenspiel (vollendet 1920), *Der Tag des Proletariats* Sprechchordichtung (1920), *Masse Mensch* Drama (1920)

126. Regina Ullmann

(1884 St.Gallen/Schweiz bis 1961 Ebersberg/Oberbayern)

Erste Prosa schreibt sie nach ihrer Übersiedlung nach München 1902, vom biederen Land in das frivole Schwabing. Übersensibel spürt sie die Not der Benachteiligten, nicht Angepassten. Sie findet Anschluss an den George-Kreis, ist mit → Wolfskehl und Ludwig Derleth befreundet. 1906 bringt sie außerehelich eine Tochter zur Welt, muss trotz der proklamierten Libertinage Ablehnung erleben. Auch die zweite Tochter – vom Anarchisten und Psychoanalytiker Otto Gross, der die Befreiung durch Psychoanalyse proklamiert – kommt 1908 unehelich zur Welt. 1911 konvertiert Regina Ullmann zum Katholizismus. Sie schreibt Gedichte, befreundet sich mit Rilke, versucht sich als Gärtnerin in Burghausen. Von 1923 an wohnt sie in München-Planegg, nach dem Tod Rilkes auch einige Zeit auf Schloss Muzot. Zu ihren Freunden zählen Thomas Mann und Hans Carossa. 1935 aus dem Reichsbund deutscher Schriftsteller ausgeschlossen, kann sie in Deutschland nicht mehr veröffentlichen, sie kehrt nach St. Gallen zurück, lebt seit 1959 aber wieder in Bayern, in Kirchseeon bei München. 1949 ist sie in die Akademie der Schönen Künste in München aufgenommen worden.
■ 126a) seit 1902 Fendstr. 6 ■ 126b) seit 1923 München-Planegg

Werke u. a.: Erzählungen: *Die Barockkirche* (1925), *Vom Brot der Stillen* (1931), *Der goldene Griffel* (1934), *Erinnerungen an Rilke* (1945), *Schwarze Kerze* (1954)

127. Karl Valentin
(eig. Valentin Ludwig Fey 1882 München – 1948 Planegg bei München)

Aufgewachsen in der Vorstadt Au, geht er schon als junger Schreinergeselle zu den Volkssängern und volkstümlichen Darstellern in die Gasthöfe, versucht sich bald als Humorist mit eigenen Couplets. Von 1910 an arbeitet er mit Liesl Karlstadt (eig. Elisabeth Wellano) zusammen, deren musikalisches und schaupielerisches Talent die Entstehung einer Fülle von szenischen komisch-grotesken, im Kern tiefmelancholischen Stücken möglich machte, immer mit dem überragenden Darsteller Valentin als Hauptperson. Wie auch die tragischen Stellen „mit brausenden Lachsalven begrüßt" wurden, berichtet aus den 20er Jahren Hermann Hesse nach einer Nachtvorstellung in den „Kammerspielen": „Nie habe ich ein vergnügteres Haus gesehen." „Ein Chaplin des Wortes" (M. Schulte), lässt der hypochondrische Komiker Valentin seine Figuren sich in Satzgestrüppen verheddern, Sprachlogik ins Absurde umkippen. Nur in München, schreibt Wilhelm Hausenstein, sei Valentin möglich gewesen, „namentlich von der Sprache her, in welcher seine Kunst in so besonderer Weise verankert war. Er sprach das Münchnerisch der Au, die, ob auch in die Stadt München eingekörpert, doch ein ganz leibhaftiges Dorf innerhalb Münchens geblieben war, bis auch sie, die Au, vom zweiten Kriege getroffen wurde" (1948). Nie hat er sich von München gelöst, obwohl er bei Gastspielen in Berlin sehr gefeiert wurde. Die literarische Welt seiner Zeit bewunderte ihn (u. a. Bert Brecht, Hermann Hesse, Alfred Polgar, Kurt Tucholsky, der Valentin als „Linksdenker" pries). Das Publikum in Krieg und Nachkriegszeit will jedoch vordergründige Komik. Valentin, der vor den Bomben 1941 nach Planegg ausweicht, stirbt dort in elenden Verhältnissen. ■ 127a) 1882–1906 Geburtshaus Entenbachstr. 64, Gedenktafel (Speditionsgeschäft der Eltern, heute Zeppelinstr. 41) ■ 127b) 1908–09 Ackermannstr. 1 ■ 127c) 1909–13 Kanalstr. 27 (beim Bau des Altstadtrings ist dieser Teil der Kanalstraße verschwunden) ■ 127d) 1913–32 Kanalstr. 8 ■ 127e) 1932–34 Skellstr. 1 ■ 127f) 1934–44 Mariannenplatz 4 (durch Bombenangriff zerstört), 1944-48 Georgenstr. 2 in Planegg (das 1925 erworbene Haus nutzte Valentin zu ‚Landaufenthalten')
Valentin-Musäum im Isartorturm (hervorgegangen aus seinem Panoptikum der 30er Jahre im Hotel Wagner), Valentin-Brunnen auf dem Viktualienmarkt.

Werke: über 400 Szenen, Dialoge, Couplets (*Gesammelte Werke*, 4 Bände, 1982), 29 Filme.

128. Georg von der Vring

(Brake/Oldenburg 1889 – München 1968)
schreibt noch vor Erich Maria Remarque Kriegs- und Kriegsgefangenen-Romane *(Der Soldat Suhren, Camp Lafayette)*, veröffentlicht anderthalb Dutzend Erzählbände und wird „einer unserer zartesten deutschen Landschaftslyriker“ (Karl Krolow). Eine malerisch-dichterische Doppelbegabung, hat er nach dem Soldaten-Dasein des Ersten Weltkriegs als Zeichenlehrer in Jever/Oldenburg begonnen, zieht 1930 in die Stuttgarter Weißenhof-Siedlung ein und kommt erst 1951 auf Dauer nach München. Ein leidenschaftlicher Künstler, nah an der unverletzten, elementaren Natur, möchte er bis zuletzt das eigene Werk verbessern: „Jedes dieser Bücher ist zu früh geschrieben. Ich müßte eins nach dem andern nochmal schreiben können, mit meinen heutigen Erfahrungen und mit der Passion von damals.“ Im März 1968, sein Arzt hat eine schwere Krankheit diagnostiziert, kommt er von einem Spaziergang nicht zurück, wird ertrunken gefunden. „Was in dir ist, verwehrt dir fortzugeh‘n? / Gib‘s frei, leg‘s dort / ins Gras, sag meinethalb: Auf Wiedersehn / und dann geh fort“ (An einem Grab)

■ 128) Nibelungenstr. 9a

Werke u. a.: *Der Mann am Fenster* (1964), *Gedichte und Lieder* (hrsg.von B. Bondy und R. Goldschmidt, 1979)

129. Richard Wagner

(1813 Leipzig – 1883 Venedig)
Für den Komponisten ist es die Rettung vor seinen Gläubigern, für den eben erst vor zwei Monaten gekrönten Ludwig II. ein Zenit des Glücks: mit dem Ruf nach München und der Ankunft dort am 3. Mai 1864 findet Richard Wagner materielle Sicherheit, bezieht eine Villa nahe bei Schloss Berg. Doch Wagner überzieht die königliche Gunst, desavouiert den jungen Ludwig mit seiner Liebesverbindung zu Cosima Bülow, stattet das im Herbst vom König für ihn in bester Lage gemietete Stadthaus mit einem Luxus aus, der die Münchner Volksseele zum Kochen bringt. Soll doch obendrein über der Isar – dort, wo heute der Friedensengel auf die Prinzregentenstraße blickt – ein sündteures Opernhaus für den sächsischen Maestro entstehen. Der Maestro muss München wieder verlassen, und der König, der mit ihm die Aufführungen seiner Werke vorbereitete, spricht erstmals von Abdankung.

■ 129) Okt.1864 – Dez. 1865 Brienner Str. 22 (Gedenktafel). Vorher in der Villa Pellet in Kempfenhausen am Starnberger See (Münchner Str. 49–63, heute Landschulheim-Areal, Gedenktafel)

Werke u. a.: *Tristan und Isolde* (1865), *Die Meistersinger von Nürnberg* (1868), *Rheingold* (1869), *Die Walküre* (1870) – Alle in München im Nationaltheater uraufgeführt.

130. Robert Walser

(1878 Biel/Kanton Bern/Schweiz bis 1956 Herisau/Kanton Appenzell)

Von → Franz Blei empfohlen, kommt der junge Schweizer in den Literatenkreis der Insel. Dort werden mehrere seiner frühen Gedichte gedruckt, denen – so später → Rudolf Alexander Schröder – „bei aller pathologischen Bedingtheit eine solche Dichtigkeit und Dämonie und zugleich eine solche Zartheit und Reinheit der Aussage (beiwohnt), dass ich ihnen Ähnliches in unsrer Sprache nicht an die Seite zu setzen wüsste." An schlichte Arbeit zum Lebensunterhalt gewöhnt, bewirbt sich Walser beim reichen *Insel*-Mäzen Alfred Heymel um eine Stellung als Diener, kann aber „weder Silber putzen noch Zylinder bügeln" (Franz Blei). Walsers Schilderungen von den „künstlerischen und literarischen Assembleen" und ihrer „vornehmen Abgeklärtheit" in Heymels „Palast" in der Leopoldstr. lassen spüren, wie unabänderlich er Außenseiter bleibt. Nach wenigen Wochen macht er sich nach Würzburg zu → Dauthendey auf, „keck und phantastisch". Über seine Erlebnisse in München berichtet Walser: „Mit einem Stöckchen in der Hand und einer Mütze auf dem Kopf spazierte ich im Englischen Garten und besuchte Wedekind, den mein karierter Anzug interessiere ... Ich lobte meinerseits Wedekinds grünen Schreibtisch. Der Dichter von Frühlings Erwachen bot mir mit feinem Lächeln Zigaretten an. – Ein Literat lud mich zu einer Abendgesellschaft ein. Unter andern war eine Frauenrechtlerin anwesend, die durch kurzes Haar hervorragte und mir unsäglich klug vorkam. Sie erzählte, daß ihr ein Professor beinahe die Hand geküßt hätte. Ich trug sechs kleine Geschichten vor. Otto Julius Bierbaum nickte beifällig. Damals erschien *Die Insel*, deren Redaktion in einem Palaste wohnte, wo Bediente umherstanden ... Einmal gab's ein Atelierfest. Man aß und trank und trieb Kurzweil. Dieser trat als jodelnder Tiroler, jener als degentragender Venetianer auf. Später wurden die Lichter gelöscht und im Dunkel Märchen erzählt. Ich selbst befaßte mich weniger mit Erzählungskunst als damit, daß ich mich auf dem Nacken einer Künstlerin im Küssen übte." ■ 130a) 1900-01 Amalienstr. 48 ■ 130b) 1901–02 Schellingstr. 43 (Neubau)

Werke u. a.: *Franz Kochers Aufsätze* (1904), *Geschwister Tanner* (1907)

131. Jakob Wassermann

(1873 Fürth – 1934 Altaussee/Steiermark)

Der vielbelesene junge Mann, der sich gerne in literarischen Phantasien ergeht, kommt erstmals 1890 nach München zum Studium. Doch Isolation und die beschränkte Möglichkeit, sich in das Künstler- und Studentenleben einzugliedern, lassen ihn nach drei Monaten abbrechen. Es folgen Militärzeit und härteste Hunger-, teils Vagabundenjahre. 1894 kehrt Jakob Wassermann nach München zurück und begegnet dem späteren Gründer des Berliner „Überbrettl"-Kabaretts Ernst von Wolzogen, der sein Förderer wird. Der mittellose Wassermann, der aus einer armen jüdischen Kleinbürgerfamilie stammt, lernt den Verleger Albert Langen kennen und arbeitet bei der Zeitschrift *Jugend* und beim *Simplicissimus* mit. Er schreibt an seinen ersten Erzählungen, Novellen und Romanen. Die Qualen einer eifersuchtsbelasteten Liebe (geschildert in seinem *Melusine*-Roman) zehren an seinen Nerven und vergällen ihm München, so dass er ein Angebot der *Frankfurter Zeitung* annimmt und 1898 als Theaterberichterstatter nach Wien geht. In Österreich verbringt er den größten Teil seines weiteren erfolgreichen Lebens. Doch in München beginnt seine Karriere mit dem aufsehenerregenden Roman *Die Juden von Zirndorf*, hier schließt er Bekanntschaft mit Frank Wedekind. Über dreißig produktive Jahre folgen, bis Wassermann, der den Beginn bösartiger Anfeindungen der Hitler-Diktatur schon zu spüren bekommt, am 1.Januar 1934 stirbt.

■ 131a) Königinstr. 75 ■ 131b) Heßstr. 34

Werke u.a.: *Melusine. Ein Liebesroman* (1896), *Die Schaffnerin* Novelle (1897), *Die Juden von Zirndorf* Roman (1897), *Hockenjos oder Die Lügenkomödie* (1898), *Mein Weg als Deutscher und Jude* (1921)

132. Frank Wedekind,

eigentlich Benjamin Franklin Wedekind
(1864 Hannover – 1918 München)

„Seine Vitalität war das Schönste an ihm ... Bevor ich nicht gesehen habe, wie man ihn begräbt, kann ich seinen Tod nicht erfassen. Er gehörte mit Tolstoi und Strindberg zu den großen Erziehern des neuen Europa. Sein größtes Werk war seine Persönlichkeit" – so der junge Medizinstudent und Dichter → Bertolt Brecht in seinem Nachruf auf Frank Wedekind, der, erst 54jährig, in einem Münchner Krankenhaus verstirbt, nach verspäteter Blinddarmoperation. Angefeindet, weil er mit realistischen Stücken bürgerliche Doppelmo-

ral und muffige Sexualfeindlichkeit bloßstellte, als Autor kecker Verse im *Simplicissimus* wegen Majestätsbeleidigung Kaiser Wilhelms II. angeklagt, zu einer Gefängnisstrafe verurteilt und zu Festungshaft begnadigt, bleibt Wedekind umstritten bis zuletzt. Unter den Münchner Freunden galt der in Hannover geborene, auf dem elterlichen Schloss in der Schweiz aufgewachsene Dramatiker, Chansonsänger, Rezitator und Schauspieler dagegen bald als „ungekrönter König Schwabings".
Sein rastloses Leben führt ihn für Jahre nach Paris und London (1891–95) und nach Berlin (bis 1898, und wieder 1906–08, die ersten Jahre seiner Ehe mit Mathilde – „Tilly" – Mewes). Auf Theaterreisen ist er oft als Darsteller seiner eigenen Bühnengestalten unterwegs. Nach München, das dem Studenten erst als „pompöse Stadt", dann als „schmutzig und eng" erschien, kehrt er immer wieder zurück, ist zeitweise am „Schauspielhaus" angestellt, an dessen Platz in der Maximilianstraße später die „Kammerspiele" einzogen, tritt bei den „Elf Scharfrichtern" auf, schreibt Stücke, Prosa und Gedichte. Aufführungsverbote, jahrelanges Warten zermürben. Erst 15 Jahre nach der Buchveröffentlichung kann *Frühlings Erwachen* von Max Reinhardt in Berlin aufgeführt werden.
■ 132a) Türkenstr. 30 ■ 132b) Adalbertstr. 41/IV ■ 132c) Akademiestr. 21/III (Neubau) ■ 132d) Adalbertstr. 34/0 ■ 132e) Türkenstr. 69/II ■ 132f) Franz-Joseph-Str. 42/II ■ 132g) Prinzregentenstr. 50/III, Grab auf dem Waldfriedhof. Wedekind-Brunnen am Wedekind-Platz in Schwabing

Hauptwerke: *Frühlings Erwachen. Eine Kindertragödie* (1891), *Der Erdgeist* (1895), *Der Marquis von Keith* (1901), *Die Büchse der Pandora* (1904), *Lulu* (*Erdgeist* und *Die Büchse der Pandora* in einem Stück) (1913)

133. Lorenz von Westenrieder

(1748 München – 1829 München)

Poesieprofessor und Geheimer Geistlicher Rat war er, Bücherzensurrat und Schulrat, Mitglied der Akademie der Wissenschaften, Herausgeber einer Zeitschrift für Literatur, Geschichte, Geographie, Statistik und Landwirtschaft, ein rastloser Vielschreiber und ein Protagonist der Aufklärung, der sich für Reformen in Kirche, Schule und Staat engagiert, in späteren Jahren aber auch – kein Widerspruch für den Aufklärer! – fürs Bewahren altbayerischer Lebensweise und Tradition. Seine *Beschreibung der Haupt- und Residenzstadt München* von 1782 ist das erste Stadtporträt Münchens und darüber hinaus auch die erste „Stadtvolkskunde" (Hans Moser). Von den Münchnern heißt es: „Der Eingeborene heuchelt nicht, und wo ihm etwas missfällt ..., sagt er's geradezu und beurteilt öffentlich den Vornehmen wie den Niederen. Er sagt es laut, und ins Gesicht sagt er's ihm". Und von München: „Es ist hier gut sein, und wer eine kleine Zeit zugegen ist, will hier seine Wohnung sich bauen."

■ 133) Westenrieder Str. 16 (Geburtshaus mit Gedenktafel, Neubau), Grab auf dem alten Südfriedhof, Denkmal am Promenadeplatz

Werke u.a.: *Leben des guten Jünglings Engelhof,* Roman (1781ff.), *Beschreibung der Haupt- und Residenzstadt München* (1792), *Geschichte von Baiern für die Jugend und das Volk*

134. Thomas Clayton Wolfe

(1900 Asheville, North Carolina/USA bis 1938 Baltimore, Maryland/USA)

„Mein Adlerauge richtet sich gen München – mal eine Zeitlang Bier und üppige Blondinen", schreibt der junge Amerikaner 1925 an eine Freundin. Fünfmal reist er nach Europa, bevor er mit seinem Roman *Schau heimwärts, Engel* weltberühmt wird. 1928, ein Jahr vor dem Erscheinen des Romans, trifft er an seinem Wunschziel München ein, pünktlich zum Oktoberfest. „Was könnte man über dieses München sagen, als dass es eine Art von deutschem Paradies sei?", so steht's in dem Nachlass-Roman *Geweb und Fels*. Für Wolfe ein lebensgefährliches Paradies: nach etlichen Maß Oktoberfestbier und noch immer einer Maß mehr macht er sich auf den Heimweg von der Festwiese, eckt bei ein paar Betrunkenen an, gerät in eine Rauferei und auf „gräßlich schlüpfrigem Schlammboden" in einen blutigen Kampf. „Dieses München hat mich fast umgebracht", teilt er Aline Bernstein mit, „Es hat mir mehrere Kopfwunden und eine gebrochene Nase eingebracht ... aber es hat mir in fünf Wochen mehr menschliche Erfahrung geschenkt, als den meisten Menschen in fünf Jahren zuteil wird."

■ 134) 1928: Unterkunft bisher nicht bekannt.

135. Karl Wolfskehl

(1869 Darmstadt – 1948 Auckland/ Neuseeland)

Der gerade zum Dr. phil. promovierte Germanist lernt 1893 → Stefan George kennen und lebt in München als freier Schriftsteller, Sprach-und Mythenforscher, unersättlicher Büchersammler. Er wird George ein treuer Freund und Mitarbeiter, schreibt hymnische Gedichte voller

Ekstase und in überhöhter Sprache, liebt das Archaische, Erdverbundene. Er macht auf die deutsche Barockdichtung wieder aufmerksam, ist Mitherausgeber von Georges *Blättern für die Kunst* und der Sammlung *Deutsche Dichtung*. Mit dem „Kosmiker"-Kreis um den antisemitischen Alfred Schuler und → Ludwig Klages haben George und Wolfskehl Feste gefeiert, distanzieren sich dann. Wolfskehl bietet George zeitweise in seinem Hause Quartier und Empfangsraum (das sog. „Kugelzimmer", nach einer damals ungewöhnlichen Lampe). 1933 emigriert er über die Schweiz nach Italien, von dort aus geht er 1938 ins radikale Exil, nach Neuseeland, ganz weit weg von der geraubten Heimat, bis ans Lebensende nur brieflich mit dem Rest der Welt verbunden. Der München-Bewunderer Wolfskehl hat schon Ende der zwanziger Jahre vor dem Niedergang der früheren „Geisteshauptstadt", vor der neu aufgekommenen nationalistisch aufgeheizten, gehässigen Stimmung gewarnt: „Wie kommt es, dass heute nicht nur ehr- und furchtsame Kunstpolitiker, Statistiker und Registratoren, dass wir alle heute jeden Wegzug wie eine schwere, lang nachzitternde Erschütterung empfinden, dass uns Veranstaltungen ohne Geschmack, einengende Verordnungen, unbegreifliche Verbote ..., dass all dies uns heute bös, mürrisch, verdrossen oder verzagt macht? ... Mit dem Aufhören Münchens würde ein Jungbrunnen versiegen, ohne den wir uns ein erdentstammtes deutsches Geistesleben nicht vorzustellen vermögen."

■ 135a) 1900–03 Leopoldstr. 51 (Neubau) ■ 135b) 1904–09 Leopoldstr. 87 (Neubau) ■ 135c) 1909–1921 Römerstr. 16 (Gedenktafel)

Werke u. a.: Dramen: *Saul* (1905), *Thors Hammer* (1908), Dichtung: *Ulais* (1897), Briefe, Essays, Übersetzungen

ist so vielen zu sagen, ohne deren freundliche Hilfe etliche weiße Flecken in der Münchner Literatur-Landschaft unseres Stadtführers übrig geblieben wären. Um doch wenigstens einige Namen zu nennen: Frau Marianne Abel (Rainer Werner Fassbinder Foundation, Berlin), Frau Parwin Abkai (Internationale Jugendbibliothek und Michael-Ende-Museum, München), Herr Dr. Bauer (Stadtarchiv München), Herr Prof. Dr. Ludwig Delp (Waldemar-Bonsels-Stiftung), Frau Rosemarie Dinkel, München, Frau Susanne Elten, München, Herr Rechtsanwalt Gunter Fette (Karl-Valentin-Archiv, München), Frau Barbara Glauert-Heße, Bielefeld, Frau Susanne Grünbeck (Piper Verlag München), Herr Dr. Dirk Heißerer, München, Herr Wolfgang Jeske und Frau Edita Koch (Suhrkamp Verlag Frankfurt/Main), Frau Christina Baron Martin (Instituto Cervantes), Herr Ernst Piper (Pendo Verlag Zürich/München), Herr Dr. Helmuth Stahleder (Stadtarchiv München), Frau Dr. Elisabeth Tworek und Frau Hummel (Monacensia Literaturarchiv und Bibliothek), Herr Prof. Dr. Klaus Völker, Berlin.

Unentbehrlich und jedem Leser zu empfehlen, der sie noch nicht kennen sollte: die Monacensia-Bibliothek in München-Bogenhausen (Maria-Theresia-Str. 23, 81675 München, Tel. (0 89) 4 19 47 20). Für alle freundliche geduldige Hilfe, die uns die Monacensia-Mitarbeiter bei immer neuen Nachfragen zuteil werden ließen, danken wir herzlich!

Gleichfalls dankenswert hilfreich war uns die große Gasteig-Bibliothek, Münchner Lesern noch vertrauter, weil man dort seine Wahllektüre mit nach Hause nehmen kann. (Zentralbibliothek Am Gasteig, Rosenheimer Straße 5, 81667 München, Telefon: (0 89) 48 09 83 13).

Zu den Autoren

Edda und Michael Neumann-Adrian, geboren in Duisburg und Berlin, leben seit dem Jahr 1980 in ihrer Wahlheimat Bayern am Starnberger See; Edda Neumann-Adrian ist darüber hinaus auch in München und Partenkirchen aufgewachsen. Studierte Historiker und Literaturfreunde, haben sie gemeinsam eine Vielzahl von Beiträgen und Büchern zur Kulturgeschichte und Gegenwart Bayerns und Deutschlands veröffentlicht, darunter zuletzt die Bände *Bayern* (Bruckmann Verlag), *München* (C.J.Bucher Verlag), *Goethe auf Reisen* und das *König Ludwig Wanderbuch* (beide Steiger Verlag). Michael Neumann hat die biographische Buchreihe *Der Friedens-Nobelpreis von 1901 bis heute* herausgegeben (Edition Pacis, Zug/Schweiz). Beide sind viel unterwegs, so entstanden Bildbände und Reiseführer u. a. über die Mittelmeerländer, den Vorderen Orient und Indien (ADAC, Marco Polo, Merian live, Prestel, RV).

Literatur zum Weiterlesen

ARENS, HANNS, Unsterbliches München. Streifzüge durch 200 Jahre literarisches Leben der Stadt, München und Esslingen 1968

BÄTHE, KRISTIAN, Wer wohnte wo in Schwabing? München 1965

FESTNER, KATHARINA/RAABE, CHRISTIANE, Spaziergänge durch das München berühmter Frauen, Zürich/Hamburg, 1996, 2.Auflage 1997

HEIßERER, DIRK, Wo die Geister wandern. Eine Topographie der Schwabinger Bohème um 1900, München 1993

HEIßERER, DIRK, Wellen, Wind und Dorfpiraten. Literarische Erkundungen am Starnberger See, München 1995

HEIßERER, DIRK/JUNG, JOACHIM, Ortsbeschreibung. Tafeln und Texte in Schwabing. Ein Erinnerungsprojekt, München 1998

HOHOFF, CURT, München, München 1970

HOLLWECK, LUDWIG, München. Liebling der Musen, Wien/Hamburg 1971

MAHR, JOHANNES, Die Krokodile. Ein Münchner Dichterkreis. Texte und Dokumente, Stuttgart 1987

NIEDERLE, HELMUTH A. (Hg.), Europa erlesen: München, Klagenfurt 1999

OBERHAUSER, FRED/OBERHAUSER, GABRIELE, Literarischer Führer durch Deutschland. Ein Insel-Reiselexikon für die Bundesrepublik Deutschland und Berlin, Frankfurt am Main 1983

PÖRNBACHER, HANS/HUBENSTEINER, BENNO, Bayerische Bibliothek. Texte aus zwölf Jahrhunderten. Fünf Bände, München 1978-1981

SCHMITZ, WALTER (Hg.), Die Münchner Moderne. Die literarische Szene in der ‚Kunststadt' um die Jahrhundertwende, Stuttgart 1990

SCHWAB, HANS RÜDIGER (Hg.), Carl Amery (Vorwort), München. Dichter sehen eine Stadt. Texte und Bilder aus vier Jahrhunderten, Stuttgart 1990

SETZWEIN, BERNHARD, München. Spaziergänge durch die Geschichte einer Stadt, Stuttgart 2001

SPENGLER, KARL, Unterm Münchner Himmel, München 1971

STAHLEDER, HELMUTH, Haus- und Straßennamen der Münchner Altstadt, München 1992

WEBER, ALBRECHT (Hg.), Handbuch der Literatur in Bayern. Vom Frühmittelalter bis zur Gegenwart, Regensburg 1987

WILHELM, HERMANN, Die Münchner Bohème. Von der Jahrhundertwende bis zum Ersten Weltkrieg. München 1993

WITTMANN, REINHARD, Auf geflickten Straßen. Literarischer Neubeginn in München 1945 bis 1949, hg. von Monacensia, Literaturarchiv und Bibliothek, München 1995

ZIEGLER, EDDA (Hg.), Der Traum vom Schreiben. Schriftstellerinnen in München 1860 bis 1960, hg. vom Monacensia Literaturarchiv und Bibliothek, München 2000

Porträts

Delp, Ludwig/Waldemar-Bonsels-Stiftung, München: S. 13 (Waldemar Bonsels)
Hoffmann, Dietram, München: S. 49 (Walter Kolbenhoff)
Monacensia, Literaturarchiv und Bibliothek, München: S. 7 (Jacob Balde), S. 13 (Friedrich Bodenstedt), S. 19 (Lena Christ), S. 33 (Ferdinand Gregorovius), S.37 (Ernst Heimeran), S. 40 (Ernst Hoferichter), S. 47 (Franz Ritter von Kobell), S.65 (Georg Queri), S. 71 (Joseph Ruederer), S. 74 (Maximilian Schmidt), S. 76 (Siegfried Sommer), S. 80 (Regina Ullmann)
Piper, Ernst, München: S. 63 (Reinhard Piper)
Schiller-Nationalmuseum, Deutsches Literaturarchiv, Marbach a.N.: S. 66 (Franziska zu Reventlow)
Stadtarchiv München: S. 72 (Ruth Schaumann)
Schmitz, Walter (Hg.), Die Münchner Moderne. Die literarische Szene in der ‚Kunststadt' um die Jahrhundertwende, Stuttgart 1990
Aus: Der Friedens-Nobelpreis von 1905 bis 1916, hg. von Michael Neumann-Adrian, Zug/Schweiz 1988 S. 32 (Martin Gregor-Dellin)
Aus: Schwab, Hans-Rüdiger (Hg.): München. Dichter sehen eine Stadt, Stuttgart 1990 S. 39 (Paul Heyse); S. 73 (Johann Andreas Schmeller); S. 85 (Lorenz Westenrieder)
Aus: Westermanns Monatsheften, Jg. 12/1980: S. 69 (Franz Ringseis)

Alle anderen: Verlagsarchiv
In einigen Fällen ist es nicht gelungen, die Inhaber der Rechte zu ermitteln. Wir bitten diese, sich mit dem Verlag in Verbindung zu setzen.

Stadtpläne

Historischer Stadtplan: Pharus-Stadtplan von München (1925) und Schwabing-Ausschnitt vom Pharus-Stadtplan München (1926)
Privatbesitz: Ute Fritsch

Hinweise

Die Adressen (farbig im Text) wurden in den zwei Stadtplänen markiert, alle Schwabing-Adressen befinden sich auf dem Schwabing-Ausschnitt auf der Rückseite.
Schwarz gekennzeichnete Adressen im Text konnten in die Stadtpläne nicht eingetragen werden, da sie sich außerhalb befinden.
Bei den „Werken" sind nur jeweils die wichtigsten Werke, die während des Aufenthalts in München entstanden sind oder sich auf München beziehen, genannt.